LA CONSTITUTION DU TEMPS

DU MÊME AUTEUR

Chair et corps. Sur la phénoménologie de Husserl, Paris, Éditions de Minuit, 1981.

Heidegger et le problème de l'espace, Paris, Éditions de Minuit, 1986.

Nietzsche et l'ombre de Dieu, Paris, P.U.F., 1998.

Dramatique des phénomènes, Paris, P.U.F., 2001.

Heidegger et le christianisme. L'explication silencieuse, Paris, P.U.F., 2004.

L'un-pour-l'autre. Levinas et la signification, Paris, P.U.F., 2008.

Le nom et la chose. Langue et vérité chez Heidegger, Paris, Vrin, 2017.

BIBLIOTHÈQUE D'HISTOIRE DE LA PHILOSOPHIE
Fondateur Henri GOUHIER   Directeur Emmanuel CATTIN

Didier FRANCK

LA CONSTITUTION DU TEMPS

suivi de

LE SÉJOUR DU CORPS

PARIS
LIBRAIRIE PHILOSOPHIQUE J. VRIN
6 place de la Sorbonne, V e
2020

© *Librairie Philosophique J. VRIN*, 2020
ISSN 0249-7980
ISBN 978-2-7116-2958-9
www.vrin.fr

LA CONSTITUTION DU TEMPS

§ 1. *La double continuité rétentionnelle et le schéma de la constitution.*

Si « l'analyse du temps est le plus difficile de tous les problèmes phénoménologiques »[1], c'est sans doute parce que la temporalité détient le secret de la phénoménologie dès lors que tout vécu de conscience, intentionnel ou non, est une unité temporelle. Aussi, afin d'atteindre ce que Husserl nomme « l'ultime et véritable absolu »[2], « la conscience absolue préalable à *toute* constitution »[3], « la subjectivité absolue »[4], « la conscience primaire qui n'a plus derrière elle de conscience en

---

1. Husserl, « Zeit in der Wahrnehmung », n° 39, in *Zur Phänomenologie des inneren Zeitbewußtseins* (1893-1917), Husserliana, Bd. X, hgg. R. Boehm, p. 276. Outre les *Leçons pour une phénoménologie de la conscience intime du temps*, ce volume rassemble des textes écrits entre 1893 et 1917 et numérotés de 1 à 54. C'est à la pagination et à la numérotation de ce volume que nous renverrons.

2. Husserl, *Ideen zu einer reinen Phänomenologie und phänomenologischen Philosophie*, § 81, Husserliana, Bd. III/1, hgg. K. Schuhmann, p. 182.

3. *Vorlesungen zur Phänomenologie des inneren Zeitbewußtseins*, § 35, Husserliana, Bd. X, p. 73.

4. *Ibid.,* § 36, p. 74.

qui elle serait consciente » [1], tenterons-nous sinon
de résoudre du moins d'expliciter « l'énigme de
la conscience du temps » [2]. Cette dernière réside
dans le sentir de la sensation. « Le sentir, c'est ce
que nous tenons pour la conscience originaire du
temps » ou encore « la sensation est la conscience
présentative du temps » [3].

Que signifient ces propositions, comment
sensation, conscience et temps y sont-ils entendus,
d'où reçoivent-ils le principe de leur conjonction?
S'agissant de phénoménologie, le sens de toute
thèse est inséparable des descriptions dont elle
résulte et nous ne saurions accéder au premier sans
réaccomplir pas à pas les secondes. Où, dans le cas
de la conscience du temps, où l'analyse phénoménologique qui procède toujours au fil conducteur
d'un objet constitué, doit-elle alors prendre son
départ sinon dans un objet qui, indépendamment du
fait d'être, à l'instar de tout objet en général, une
unité au sein du temps et d'y être, d'une manière
ou d'une autre, contenu, est un objet porteur de
temps, un objet dans lequel du temps est contenu,
qui possède une extension temporelle propre,
ressortissant à son objectivité même, un « objet-de-

---

1. *Vorlesungen zur Phänomenologie des inneren Zeitbewußtseins*,
§ 42, *op. cit.*, p. 90.
2. *Ideen zu einer reinen Phänomenologie und phänomenologischen
Philosophie*, § 81, *op. cit.*, p. 182.
3. *Vorlesungen zur Phänomenologie des inneren Zeitbewußtseins*,
Beilage III, *op. cit.*, p. 107.

temps » [1] dont toute mélodie offre l'exemple. Un tel objet ne saurait en effet être constitué – et « tout étant est constitué dans la subjectivité de la conscience » [2] – sans que les actes qui le constituent ne constituent du même coup les différences de temps et le temps où diffèrent présent, passé et futur. Et pour ne pas admettre le sens de ce qu'il s'agit de comprendre : la perception de la mélodie et la possibilité ou l'essence de l'expérience du temps, la conscience du temps et le temps de la conscience, il convient de mettre d'emblée hors-jeu toute appréhension objectivante et toute position de transcendance.

Cela fait, que reste-t-il ? Le son à titre de pur donné hylétique, de pur donné de sensation. Le pur senti se confond alors avec « ce qui, par l'appréhension, rend conscient, en tant que donné en chair, quelque chose d'objectif qu'on nomme

1. *Ibid.*, § 7, p. 23. « Par *objet-de-temps* (*Zeitobjekten*) au sens spécial, nous entendons des objets qui ne sont pas seulement des unités dans le temps mais qui contiennent aussi en eux l'extension du temps ». Une telle détermination concerne, il ne faut pas l'oublier, sauf à méconnaître l'ultime portée des analyses de la conscience de temps, les vécus eux-mêmes, intentionnels ou non, en et par lesquels se constitue tout objet quel qu'il soit. C'est pourquoi, « la plus haute dignité de l'être, celle de l'être le plus originaire et le plus propre » revient à la constitution de tous les objets immanents au sein du flux et la phénoménologie de la conscience intime du temps est la phénoménologie de la phénoménologie. *Cf.* « Akte als Gegenstände in der "phänomenologischen Zeit" », in *Die Bernauer Manuskripte über das Zeitbewußtsein (1917-1918)*, Husserliana, Bd. XXXIII, hgg. R. Bernet und D. Lohmar, n° 6, p. 107.

2. *Formale und transzentale Logik*, § 94, Husserliana, Bd. XVII, p. 239.

objectivement perçu »[1], en sorte que le terme *senti* désigne « un concept de relation qui ne dit pas si le senti est sensuel, ni même s'il est en général immanent au sens du sensuel ». La question demeure ouverte de savoir si le senti « n'est pas déjà lui-même constitué et tout autrement peut-être que le sensuel », ou encore de savoir s'il est possible d'affirmer, comme le fait Husserl dès le seuil des *Leçons pour une phénoménologie de la conscience intime du temps*, que « toute constitution n'obéit pas au schéma appréhension – contenu d'appréhension »[2], appréhension signifiant « "animation" du *datum* de sensation »[3].

La réduction du temps mondain objectif, forme de toute réalité individuelle, ne livre pas seulement accès à cette donnée absolue qu'est le temps apparaissant dans le sentir de la sensation, mais encore au « *temps immanent* du cours de la conscience »[4] au sein duquel se constitue le temps qui apparaît à cette même conscience, car *il ne*

1. *Vorlesungen zur Phänomenologie des inneren Zeitbewußtseins*, § 1, *op. cit.*, p. 7. *Cf.* § 42, p. 89, où le sentir est « la perception de données hylétiques ».

2. *Ibid.*, § 1, note 1, p. 7. *Cf.* § 42, p. 89 : « La couleur sentie n'a pas de rapport à quelque chose », et p. 90 : « l'impression (au sens étroit par opposition à la re-présentation (*Vergegenwärtigung*)) doit être saisie comme conscience primaire qui n'a plus derrière elle de conscience en laquelle elle serait consciente ».

3. *Ibid.*, *Beilage* V, *op. cit.*, p. 110. Cf. *Logische Untersuchungen*, I, § 23, Husserliana XIX/1, hgg. U. Panzer, p. 79 où il est dit que « toute appréhension est, dans un certain sens, un comprendre ou interpréter ».

4. *Ibid.*, § 1, p. 5.

saurait y avoir conscience du temps sans que le temps n'appartienne à la conscience ou, pour le dire autrement, les actes constitutifs du temps sont du même type que les perceptions d'objet-de-temps[1]. Il ne s'agit donc pas uniquement d'analyser la constitution d'un objet-de-temps, c'est-à-dire « la durée du son ou le son dans sa durée »[2] et non le son qui dure, il s'agit plus encore, surtout, « question toute nouvelle », de décrire la constitution du temps lui-même car, il faut y insister, « la perception de la durée présuppose elle-même la durée de la perception »[3]. En effet, puisque nous entendons ou percevons une mélodie en tant que telle et non de simples données sonores séparées, « il est évident que le "donné" de la perception est nécessairement un *étendu* temporel et non un simple point temporel »[4], disparu sitôt qu'apparu. Si tel n'était le cas, « l'évidence de la *cogitatio* perdrait toute portée et tout sens »[5] et la phénoménologie comme science serait tout simplement impossible.

Écoutons une mélodie et, toute transcendance réduite, laissons-en retentir les sons en tant que

1. *Ibid.*, § 16, p. 39.
2. *Ibid.*, § 7, p. 23.
3. *Ibid.*, § 7, p. 22. *Cf.* « Bewußtsein (Fluß), Erscheinung (immanentes Objekt) und Gegenstand », n° 54, *op. cit.*, p. 369 : « La durée du son immanent est la même que celle de la conscience en laquelle cette dernière se constitue continûment en sa durée ».
4. « Evidenz des Zeitbewußtseins », n° 12, *op. cit.*, p. 168.
5. *Vorlesungen zur Phänomenologie des inneren Zeitbewußtseins*, § 41, *op. cit.*, p. 85.

pures données de sensation, purs *data* hylétiques. Le son « commence et cesse, et toute l'unité de sa durée, l'unité de tout le processus en lequel il commence et prend fin, "recule" après la fin dans un passé toujours plus lointain. Dans ce recul, je le "retiens" encore, je l'ai dans une "rétention" et, tant qu'elle se maintient, il a sa temporalité propre, il est le même, sa durée est la même »[1]. Le son et la durée qu'il remplit sont donc conscients dans une continuité de modes et si le son commence, dure et cesse en demeurant le même, cette identité se constitue toutefois dans un « flux constant »[2], dans une multiplicité d'apparitions ou phases du flux. Le son n'apparaît pas sur le même mode lorsqu'il est initialement conscient *en tant que* maintenant : donné[3] – *et avec cet* en tant que *commence la*

---

1. *Vorlesungen zur Phänomenologie des inneren Zeitbewußtseins*, § 8, *op. cit.*, p. 24.

2. *Ibid. Cf.* § 25, p. 54 : « la vie de conscience est dans un flux constant » ; *Beilage* VIII, *op. cit.*, p. 118 : « la conscience intime est un flux ». Au terme de la première version des *Paralogismes de la raison pure*, Kant disait : « dans ce que nous nommons âme, tout est en flux continu et il n'y a rien qui demeure, sauf peut-être (si on le veut absolument) le Je… », *Kritik der reinen Vernunft*, A 381. N'est-ce pas dire déjà que la conscience et l'*ego* ne sont pas nécessairement solidaires ?

3. Au § 37 de la sixième des *Recherches logiques*, Husserl affirme que dans la perception, l'objet est « *effectivement "présent"* ou "*donné*" ». Il ne dit pas : « "*donné*" ou "effectivement présent" », l'ordre n'est pas indifférent ; *cf.* Husserliana, Bd. XIX/2, p. 646. Dès lors que *donné* désigne « ce qui est conscient en tant que maintenant » et ce, « "aussi longtemps" que l'une quelconque de ses phases est consciente en tant que maintenant » (*Vorlesungen zur Phänomenologie des inneren Zeitbewußtseins, op. cit.*, § 8, p. 24), l'élucidation du donné

signification si bien que rien n'est donné sans elle et qu'au regard de la signification la donation est toujours seconde –, ou lorsqu'il est finalement conscient dans la rétention *en tant que* passé. « Le son lui-même est le même mais le son "dans le comment" de son apparition (*"in der Weise wie" er erscheint*, "sur le mode dont" il apparaît) est toujours autre » [1]. Le *dans-le-comment* temporel de

en tant que donné relève de la constitution du temps. On est alors reconduit au flux qui, à proprement parler, n'est jamais donné, c'est-à-dire appréhendé : « *Ce qui toujours est perçu, ce qui toujours est donné soi-même en tant qu'objet individuel, est donné en tant qu'unité d'une multiplicité absolue non-donnée* », dit Husserl qui, après avoir précisé que « donné » signifie « appréhendé », ajoute « qu'à l'essence de cette unité en tant qu'unité temporelle, il appartient de se "*constituer*" dans la conscience absolue » (« Zeit in der Wahrnehmung », n° 39, *op. cit.*, p. 284 et notes 1 et 2). *Rien ne saurait donc être donné sans avoir été appréhendé ou constitué en tant que tel ou tel* et, dans la phénoménologie husserlienne, *donné* signifie toujours *constitué* si bien que la constitution de ces objets-de-temps que sont les vécus est la plus originaire de toutes et que la phénoménologie de la conscience intime du temps est la phénoménologie de la phénoménologie. Aussi, loin de reconduire au donné, la réduction ouvre-t-elle accès à la sphère de la conscience constituante dont tout donné tire son sens d'être. Husserl ne dit rien d'autre quand il dit que « tout contenu peut être porté à la donnée : le poser-en-le-visant (*das Ihn-meinend-setzen*) est ce qui donne, [*das Gebende*] » (« Erscheinung und Zeit – Erleben und Erlebnis », n° 41, *op. cit.*, p. 292). *Cf.* également *Vorlesungen zur Phänomenologie des inneren Zeitbewußtseins*, § 25, *op. cit.*, p. 54 : « ... donné, c'est-à-dire perçu ou, de manière générale, originairement constitué... », et *op. cit.*, § 41, p. 86 où, après avoir assimilé l'individu concret à ce qui est temporellement étendu, Husserl ajoute que « le concret est à chaque fois ce qui seul est donné ».

1. *Vorlesungen zur Phänomenologie des inneren Zeitbewußtseins*, § 8, *op. cit.*, p. 25. Cf. *Logische Untersuchungen*, V, § 17, où Husserl distingue l'objet tel qu'il est visé et l'objet visé, Husserliana, Bd. XIX/1, p. 414.

l'apparition est donc la forme phénoménologique originaire de l'*en tant que*, c'est-à-dire de l'être.

La description peut alors porter sur le son à titre d'objet immanent qui, présentement, dure, qui est conscient en tant que présent, qui est perçu aussi longtemps que l'une de ses phases est présente, et dont la durée, déjà partiellement écoulée, s'éloigne toujours plus du maintenant actuel, ou elle peut porter sur « le mode dont sont "conscientes" toutes ces différences de "l'apparaître" du son immanent et de son contenu de durée »[1], différences en fonction desquelles nous disons que le son est perçu, retenu ou attendu et où se constituent les déterminations temporelles, la temporalité, des objets-de-temps. Perçu, retenu ou attendu, le son est constitué, appréhendé ou compris, en tant que présent, passé ou futur et, à l'inverse, perception, rétention et protention sont les modes ou les formes de donnée des trois dimensions du temps.

Ces deux possibilités descriptives ne doivent cependant pas être mises sur le même plan, car distinguer l'objet immanent qui dure et l'objet-dans-le-comment-de-son-apparition, revient à distinguer deux sens de l'intentionnalité, deux sens du rapport à l'objet ou, au moins, à l'apparaissant. De même que toute chose spatiale s'offre à la conscience perceptive en une multiplicité d'esquisses unifiées par un acte d'appréhension, de même « tout être temporel

1. *Vorlesungen zur Phänomenologie des inneren Zeitbewußtseins*, § 9, *op. cit.*, p. 25-26.

"apparaît" dans un quelconque mode d'écoulement continûment changeant, et "l'objet dans le mode d'écoulement" est, dans ce changement, toujours à nouveau un autre alors que nous disons pourtant que l'objet et chaque point de son temps et ce temps lui-même sont un et le même »[1]. En conséquence, la conscience se rapporte à son objet par la médiation d'une esquisse, d'un mode d'écoulement, d'une « apparition » qui, pour se confondre avec « l'objet-dans-le-comment », est une apparition où rien d'identique n'apparaît mais à défaut de laquelle rien d'identique ne saurait apparaître, est paradoxalement une « apparition sans appréhension »[2]. Si « nous nommons *acte* le poser-en-tant-que-ceci », alors « l'apparition n'est pas elle-même un acte »[3], et il faut admettre que l'intentionnalité possède un double sens « selon que nous avons sous les yeux la relation de l'apparition à l'apparaissant ou la relation de la conscience à "l'apparaissant-dans-le-comment" d'une part, à l'apparaissant purement et simplement de l'autre »[4], selon par conséquent que nous avons sous les yeux la relation de la conscience à l'identité de son objet ou à la multiplicité de ce qui le constitue en tant qu'identique.

1. *Ibid.*, p. 26-27.
2. *Ibid.*, *Beilage* VI, p. 111.
3. « Erscheinung und Zeit », n° 41, *op. cit.*, p. 293.
4. *Vorlesungen zur Phänomenologie des inneren Zeitbewußtseins*, § 8, *op. cit.*, p. 27.

Renonçant au mot *apparition* au motif qu'il ne saurait désigner à la fois les phénomènes de conscience constituant les objets temporels immanents et ces objets eux-mêmes en tant qu'ils peuvent être tenus pour des apparitions d'objets transcendants, Husserl parle alors de « phénomènes d'écoulement », de « modes d'orientation temporelle » et, pour les objets immanents eux-mêmes, de leurs « caractères d'écoulement (par ex. maintenant, passé) »[1]. Quel est le trait essentiel de ces phénomènes ? Ils appartiennent à un unique flux où toute identité doit être constituée puisque « *la conscience est un éternel flux héraclitéen* »[2]. Et Husserl précise : « ce flux n'a pas de temps, n'est pas dans le temps »[3], mais c'est en lui que se constitue le temps. C'est pourquoi il est possible d'affirmer que « le temps subjectif se constitue dans la conscience absolue intemporelle »[4] et ce quand bien même la caractérisation du flux comme « l'un-après-l'autre »[5] semble emprunter à la temporalité.

1. *Vorlesungen zur Phänomenologie des inneren Zeitbewußtseins*, § 10, *op. cit.*, p. 27 ; *cf.* « Die Intentionalität des inneren Bewußtseins », n° 53, *op. cit.*, p. 364.

2. « Das Zeitproblem in der phänomenologischen Fundamentalbetrachtung », n° 51, *op. cit.*, p. 349 ; *cf.* « Die Zeitform des Bewußtseins », n° 44, *op. cit.*, p. 295.

3. *Vorlesungen zur Phänomenologie des inneren Zeitbewußtseins*, *Beilage* XI, *op. cit.*, p. 124.

4. *Ibid.*, *Beilage* VI, p. 112.

5. *Ibid.*, § 36, p. 75. *Cf.* § 38 : « nous ne pouvons nommer le l'un-après-l'autre de la conscience une succession temporelle (*Zeitfolge*) », *op. cit.*, p. 78.

Une telle constitution serait néanmoins impossible si le temps lui-même ne ressortissait pas au flux. Husserl n'a pas manqué de le dire en récapitulant le problème auquel viennent répondre toutes ses analyses de la temporalité. « Le temps est fixe (*starr*) et pourtant le temps flue. Dans le flux du temps, dans la chute continue dans le passé se constitue un temps qui ne coule pas, absolument fixe, identique, objectif. Tel est le problème »[1]. Au regard de ce qui y est constitué, le flux peut alors être qualifié d'*in-pré-temporel*.

Héraclitéen ou réputé tel, ce flux est mutation constante, « mutation absurde en ceci qu'elle s'écoule précisément comme elle s'écoule et qu'elle ne saurait s'écouler ni "plus vite" ni "plus lentement" »[2], mutation qui n'a pas de sens et dont par conséquent nous ne pouvons avoir conscience que par « affection »[3], mutation dont, en sa forme, la continuité est immuable et dont nul moment n'est indépendant. Parler de *points* ou de *phases* ne va donc pas sans abstraction. « Les parties que nous faisons ressortir abstraitement ne peuvent être que dans le tout de l'écoulement et de même les phases, les points de la continuité d'écoulement »[4]. Et si « nul

1. *Ibid.*, § 31, p. 64.
2. *Ibid.*, § 35, p. 74 ; cf. *Beilage* VII, p. 116 : « la production [*scil.* des modifications] avance toujours à la même vitesse ». Unique, le flux ne saurait faire l'objet d'une variation imaginaire qui le démultiplierait et cette thèse s'impose d'elle-même.
3. *Ibid.*, § 20, p. 47.
4. *Ibid.*, § 10, p. 27.

mode d'écoulement ne peut advenir deux fois »[1], ce flux est irréversible, ne connaît pas d'éternel retour, car « rien ne peut revenir ni être donné à l'identique une seconde fois »[2]. Cette détermination du mode d'écoulement signifie que le flux absolu de la conscience *où l'ego n'intervient pas*, ne saurait être constitué selon le schéma hylémorphique mais se constitue absolument lui-même. « C'est, dit Husserl, la *subjectivité absolue* et il a les propriétés absolues de ce que, *par image*, il faut désigner comme "flux" surgissant "maintenant" en un point d'actualité, un point-source originaire, etc. »[3] Aussi est-ce depuis ce dernier que la constitution d'un objet-de-temps peut être initialement décrite, étant entendu que la conscience du temps ne s'accomplit pas exclusivement comme conscience d'un tel objet puisque la modification rétentionnelle ne cesse pas avec la mélodie. En effet, « si nulle perception n'a plus lieu, si nous ne voyons plus de mouvement ou – quand il s'agit d'une mélodie – si la mélodie a pris fin, aucune nouvelle phase de perception ne s'attache à la dernière mais une simple phase de

---

1. *Vorlesungen zur Phänomenologie des inneren Zeitbewußtseins*, § 10, *op. cit.*, p. 28.

2. « Das Zeitproblem in der phänomenologischen Fundamental-betrachtung », n° 51, *op. cit.*, p. 349. Cf. *Vorlesungen zur Phänomenologie des inneren Zeitbewußtseins*, § 18, *op. cit.*, p. 43 : « Je peux revivre le présent mais il ne peut être redonné ».

3. *Vorlesungen zur Phänomenologie des inneren Zeitbewußtseins*, § 36, *op. cit.*, p. 75.

souvenir frais et à celui-ci un autre souvenir frais, etc. »[1]

Toute mélodie commence par rompre le silence et ses modes d'écoulement ont un point-source qui lui est relatif car, indépendamment de tout objet-de-temps, « nul point temporel n'est à l'évidence le premier »[2] ou, pour le dire autrement, « un maintenant que rien n'aurait précédé est évidemment impossible »[3], et ce quand bien même l'initialité serait un trait essentiel du maintenant en tant que tel. Le mode d'écoulement initial d'un objet-de-temps « est caractérisé en tant que maintenant »[4], et c'est de ce maintenant initial que découle continûment la constitution d'un tel objet. La continuité de cet écoulement est double. En effet, si tout maintenant passe, tout maintenant passé ne cesse de passer plus encore et s'enfonce continûment dans ce que

---

1. *Ibid.*, § 11, p. 30. *Cf.* § 16, p. 39 : « un objet-de-temps est perçu (ou impressionnellement conscient) tant qu'il se produit encore dans des impressions originaires constamment renouvelées ». Par ailleurs, « souvenir frais » ou « souvenir primaire » équivalent à « rétention », *cf.* § 19, p. 45. *Cf.* « Retentionale und re-produktive Vergegenwärtigung der Urpräsenz », in *Die Bernauer Manuskripte über das Zeitbewusstsein (1917-1918)*, Husserliana, Bd. XXXIII, n° 3, p. 55 : « la rétention (la conscience de post-présentation), à voir précisément, n'est pas un souvenir, ne doit donc pas être nommée souvenir primaire. *Elle n'est pas une re-présentation* ».

2. « Einheit der Zeit und ihre Unendlichkeit », n° 23, *op. cit.*, p. 198.

3. *Vorlesungen zur Phänomenologie des inneren Zeitbewußtseins*, § 32, *op. cit.*, p. 70.

4. *Ibid.*, § 10, p. 28.

Husserl nomme « la profondeur du temps »[1], et qui est ici un sinon peut-être le mode originaire de temporalisation, de sorte que « chaque phase ultérieure d'écoulement est elle-même une continuité, une continuité en constante extension, une continuité de passés »[2].

Qu'y a-t-il de remarquable dans cette double continuité? Tout objet est l'unité d'une multiplicité et le son demeure un-et-le-même, identique, au cours du flux continu de ses multiples modes d'orientation temporelle. Toutefois, comment cette continuité dont l'unité n'est pas celle du son se constitue-t-elle, comment l'unité du temps qui n'est pas celle d'un objet s'accomplit-elle si constituer – le verbe *constituere* le dit déjà –, c'est toujours unifier? Passant, le maintenant initial conserve son identité propre, son individualité et, *en tant que tel*, est retenu dans celui qui surgit à nouveau. « Le maintenant est toujours encore *nouveau* et, dans le nouveau maintenant, le son n'est plus simultanément dans l'ancien maintenant mais *ayant-été* dans l'ancien. Cela nous conduit à une nouvelle continuité, *non pas* la continuité des phases de son ou des points-de-temps qui fait la *durée* de l'objet, mais la continuité des esquisses temporelles du son. »[3] De là une double conséquence : 1) « la

---

1. *Vorlesungen zur Phänomenologie des inneren Zeitbewußtseins*, *Beilage* IV, *op. cit.*, p. 109.
2. *Ibid.*, § 10, p. 28.
3. « Zeit in der Wahrnehmung », n° 39, *op. cit.*, p. 275.

continuité d'écoulement d'un objet qui dure est un *continuum* dont les phases sont les *continua* des modes d'écoulement des divers points-de-temps de la durée de l'objet »[1], si bien que les phases constitutives de ces points-de-temps sont *incluses* dans les points-de-temps qu'elles constituent ou, pour le dire autrement, si bien que *les rétentions constituent ce qui les précède sans que ce qui les précède ait été préalablement constitué par ces mêmes rétentions*[2]; 2) la rétention d'une impression absolument individualisée qui ne cesse de passer en rétention de rétention et ainsi de suite, assure la continuité, l'unité, du temps. Et dès lors que la constitution du temps ressortit à la modification rétentionnelle de la sensation ou impression, « toute constitution n'obéit pas au schéma appréhension – contenu d'appréhension »[3] car, si le constituant est inclus dans le constitué, l'appréhension n'est ni extérieure ni transcendante au contenu appréhendé et la subordination de la matière sensible (ὕλη) à la forme intentionnelle (μορφή) se trouve remise en question si ce n'est inversée au profit de la ὕλη.

---

1. *Vorlesungen zur Phänomenologie des inneren Zeitbewußtseins*, § 10, *op. cit.*, p. 28.

2. *Ibid.*, § 36, p. 75 : « on peut et doit dire qu'une certaine continuité d'apparition, à savoir celle qui est phase du flux constitutif du temps, *appartient* à un maintenant, à savoir celui qu'elle *constitue*, et appartient à un antérieur (*Vorher*), à savoir en tant qu'elle est (nous ne pouvons pas dire : était) constitutive pour l'antérieur. »

3. *Ibid.*, § 1, note 1, p. 7, déjà cité.

§ 2. *Rétention de l'impression, impression de la rétention*

Revenons plus directement à l'objet-de-temps. Comment Husserl en aborde-t-il la description et sur quel mode la double continuité y intervient-elle ? « Le "point-source" avec lequel commence la "production" de l'objet qui dure est une impression originaire. Cette conscience est saisie en constant changement : continûment le maintenant de son incarné se change (*scil.* consciemment, "dans" la conscience) en un passé, continûment un maintenant de son toujours *nouveau* prend la relève de celui qui est passé dans la modification. Mais lorsque la conscience du maintenant de son, l'impression originaire, passe dans la rétention, cette rétention est elle-même encore un maintenant, un étant-actuellement-là (*aktuell Daseiendes*). Tandis qu'elle est elle-même actuelle (mais non pas un son actuel), elle est rétention *du* son passé »[1].

Relative à un objet-de-temps, l'impression originaire n'est pas une conscience inchoative surgissant d'une quelconque inconscience mais une conscience de plein exercice. En effet « c'est une absurdité de parler d'un contenu "inconscient" qui ne deviendrait conscient qu'après-coup. La conscience est nécessairement *conscience* en chacune de ses phases. De même que la phase rétentionnelle a

---

1. *Vorlesungen zur Phänomenologie des inneren Zeitbewußtseins*, § 11, *op. cit.*, p. 29.

conscience *de* la précédente sans en faire un objet, de même le *datum* originaire est aussi déjà conscient – et ce sous la forme spécifique du "maintenant" – sans être objectif. C'est justement cette conscience originaire qui passe dans la modification rétentionnelle – qui est alors rétention de cette conscience elle-même et du *datum* originairement conscient en elle car les deux sont inséparablement unis – : si elle n'était pas là (*vorhanden*), nulle rétention ne serait pensable ; la rétention d'un contenu inconscient est impossible » [1].

Puisque « tout "contenu" est nécessairement en lui-même "originairement conscient" en sorte que la question d'une conscience ultérieurement donatrice est denuée de sens » [2], la conscience d'un commencement n'est pas le commencement de la conscience, la conscience absolument non-modifiée est une véritable conscience. Autrement dit, *l'impression originaire*, conscience *du* présent et présent *de* la conscience, *est intentionnelle* sans être en rien objectivante. Husserl n'a pas manqué de le souligner : « Nous commençons avec le premier point, le *point-de-mise-en-jeu*. Il est caractérisé comme maintenant. Nous nommons la *conscience de celui-ci* (Bewußtsein von ihm), *conscience*

---

1. *Ibid.*, *Beilage* IX, p. 119. Cf. *ibid.*, *Beilage* V, *op. cit.*, p. 110-111 où Husserl dit que « la "conscience interne" impressionnelle [...] fait concrètement un avec chaque impression originaire et en est inséparable ».

2. *Ibid.*

de sensation originaire, sans vouloir dire pour autant qu'il faut ici effectivement différencier les deux : la conscience de sensation originaire et le maintenant de son. Est-ce la même chose seulement caractérisée selon deux points de vue distincts, nous laissons la question ouverte » [1]. Peut-on néanmoins y répondre ? Sans doute, et positivement car si toute sensation est sensation d'un senti, elle est toujours du même coup un se-sentir. « Nous sentons que nous voyons et entendons, αἰσθανόμεθα ὅτι ὁρῶμεν καί ἀκούομεν » [2], note Aristote et il essentiel que cela soit dit *au présent*. Aussi, dans le cas d'un contenu sensible tel le rouge senti, « la sensation n'est-elle rien d'autre que la conscience interne du contenu de sensation » [3] et, si on désigne par *perception* la conscience interne impressionnelle d'une donnée immanente, d'une part « tout "vécu" au sens prégnant est intérieurement perçu » [4] et, d'autre part, il y a, en ce cas, « simultanéité rigoureuse de la perception et du perçu » [5]. Toutefois, simultanéité n'est pas identité, et la coïncidence du senti et du sentir n'affecte pas l'intentionnalité de l'impression puisque, « dans la même conscience impressionnelle où se constitue la perception, se constitue aussi et

1. « Bewußtsein (Fluß), Erscheinung (immanentes Objekt) und Gegenstand », n° 54, *op. cit.*, p. 372.
2. Aristote, *De l'âme*, 425 b 12.
3. *Vorlesungen zur Phänomenologie des inneren Zeitbewußtseins*, *Beilage* XII, *op. cit.*, p. 127.
4. *Ibid.*
5. *Ibid.*, *Beilage* V, p. 111. *Cf.* § 33, *op. cit.*, p. 72 : « le temps de la perception et le temps du perçu sont identiquement le même ».

précisément par là, le perçu » [1]. Toute perception est perception *d*'un perçu, toute conscience impressionnelle est intentionnelle mais, à nouveau, toute intentionnalité n'est pas objectivante et on ne saurait soutenir que « tout contenu ne parvient à la conscience que par un acte d'appréhension dirigé sur lui » [2]. Pour le dire encore autrement « la rétention elle-même n'est pas un "acte" (c'est-à-dire une unité de durée immanente constituée dans une série de phases rétentionnelles) mais une conscience instantanée (*Momentanbewußtsein*) de la phase écoulée et à la fois soubassement pour la conscience rétentionnelle de la phase prochaine » [3]. Intentionnalité et objectivité peuvent donc bien être dissociées.

Quel est le lien entre l'impression originaire et la rétention ? Celle-ci n'est pas le souvenir ou la reproduction, la re-présentation, de celle-là. « *Rétention* est une expression utilisable pour désigner la relation intentionnelle (fondamentalement différente [*scil.* de celle du souvenir]) de phase de conscience à phase de conscience, là où les phases de conscience et les continuités de conscience elles-mêmes ne sauraient à leur tour être elles-mêmes considérées comme des objets-de-temps » [4]. C'est

---

1. *Ibid.*, § 43, p. 91.
2. *Ibid.*, *Beilage* IX, p. 119.
3. *Ibid.*, p. 118.
4. « Die primäre Erinnerungsmodifikation », n° 50, *op. cit.*, p. 333. Husserl dont la langue est, pour une part, celle de l'empirisme, emprunte le mot de *rétention* à Locke qui désigne ainsi la faculté par

donc la modification rétentionnelle de l'impression qui répond de l'unité des phases du flux comme du temps qui s'y constitue et, *proposition cardinale de l'analyse de la conscience du temps*, « l'unité de la conscience embrassant intentionnellement présent et passé est un *datum* phénoménologique »[1]. Or si la sensation est la conscience originaire de celui-ci, n'est-ce pas dans et par le rapport entre impression et rétention qu'advient l'intentionnalité elle-même?

Comment décrire ce rapport sans le faire *depuis* la rétention qui en est l'accomplissement concret? Toute rétention est rétention *d'*une impression et

laquelle l'esprit (*mind*) conserve les idées reçues par voie de sensation ou de réflexion. Cette rétention est contemplation ou mémoire ; cf. *An Essay concerning human understanding*, Book II, *Of ideas*, chap. x, *Of retention*.

1. *Vorlesungen zur Phänomenologie des inneren Zeitbewußtseins*, § 6, *op. cit.*, p. 16. *Cf.* § 12, p. 32 : « il appartient à l'essence de l'intuition du temps d'être, en tout point de sa durée (que nous pouvons réflexivement prendre pour objet), conscience du *juste-passé* et non simplement conscience du maintenant ponctuel de l'objectivité apparaissant comme durant » ou encore, la formule est presque contradictoire mais essentielle, « en chaque point se tient une extension ». *Cf.* aussi « Das Zeitproblem in der phänomenologischen Fundamentalbetrachtung », n° 51, *op. cit.*, p. 343 : « *il est tout à fait manifeste que le regard qui est* par ex. dirigé en tant que tel *sur une apparition perceptive et le perçu, saisit* celui-ci *de manière immanente dans sa durée* comme donné soi-même absolument et que *la limitation au maintenant qui est dans le flux constant serait une fiction*. Par là il est déjà dit qu'en la saisie de la durée, les phases évanouissantes du maintenant juste écoulé n'ont pas été perdues et qu'il convient manifestement *de tenir pour auto-donnée absolue* qu'*une rétention habite* déjà dans la perception et parvient elle-même à la donnée absolue de soi dans le *juste-passé* en son unité avec le maintenant et le maintenant toujours nouveau ».

si « tout maintenant actuel est soumis à la loi de la modification », il « se change en rétention de rétention et ce constamment ». De là résulte, poursuit Husserl, « un constant *continuum* de la rétention en sorte que chaque point ultérieur est rétention pour chaque point antérieur. Et chaque rétention est déjà *continuum*. Le son commence (*setzt ein*) et "il" se prolonge (*setzt fort*) constamment. Le maintenant de son se change en passé de son, la conscience *impressionnelle* s'écoulant constamment passe en conscience *rétentionnelle* toujours nouvelle »[1].

Ainsi comprise, la loi de modification rétentionnelle de l'impression s'étend au flux dans son ensemble puisque tous les vécus sont, en tant que vécus, imprimés. Après avoir assuré que toute impression peut être re-présentée, Husserl notait que « toute re-présentation est, à son tour, elle-même présente par une conscience impressionnelle » et, « qu'en un certain sens, tous les vécus sont imprimés ou conscients par impression »[2]. Chaque rétention est plus qu'*une* rétention puisqu'elle est toujours *aussi* une impression (un maintenant) *et* une rétention de rétention, etc. La rétention *se* démultiplie en s'approfondissant, *son* itération

---

1. *Ibid.*, § 11, p. 29. *Cf.* § 19, *op. cit.*, p. 45 où il est dit que le souvenir primaire « étend (*extendiert*) » la conscience du maintenant.

2. *Ibid.*, § 42, p. 89. La re-présentation est « le contraire d'un acte originairement donateur », cf. *ibid.*, § 19, p. 45. Au § 17, p. 41, Husserl assimile *Vergegenwärtigung* et *Re-Präsentation*.

différenciante [1], *sa* différance, est la temporalisation même. Husserl y insiste, « toute rétention est en elle-même modification continue qui, pour ainsi dire, porte en elle sous la forme d'une série d'esquisses, l'héritage du passé » [2], car elle n'est pas seulement la modification continue de l'impression originaire

---

1. Nous reprenons une expression de R. Bernet qui, après avoir souligné que « l'intentionnalité rétentionnelle […] consacre l'irrémédiable manquement (à soi) de la présence (*Präsenz*) », ajoute : « La continuité de la conscience rétentionnelle est un procès itératif différentiel en lequel, aussi bien la conscience de soi "subjective" que la conscience du temps "objective" naissent avec le recul de l'éloignement rétentionnel, constamment modifié, de la conscience absolue de soi-même. La différence entre le temps linéaire des objets et une conscience de ce temps qui n'est pas plus dans le temps qu'elle n'a le temps en elle, ne repose donc pas sur une identité originaire mais sur l'auto-différenciation sans fin du flux absolu » ; *cf.* Husserl, *Zur Phänomenologie des inneren Zeitbewußtseins*, hgg. R. Bernet, Philosophische Bibliothek, Meiner Verlag, 2013, *Einleitung*, p. LVI-LVII. Il ressort de ce qui précède que l'itération différenciante – la différance –, loin d'être irréductible au présent vivant en est la vivacité ou le ressort même.

2. *Vorlesungen zur Phänomenologie des inneren Zeitbewußtseins*, § 11, *op. cit.*, p. 29-30. Après avoir dit que « le noyau sensible (l'apparition sans appréhension) est "maintenant" », Husserl poursuit : « Dans ce maintenant se trouve en même temps (*zugleich*) la rétention du maintenant passé de tous les degrés de la durée maintenant consciente. Chaque maintenant passé abrite rétentionnellement en lui tous les degrés antérieurs. Un oiseau vole à l'instant (*soeben*) dans le jardin ensoleillé. Dans la phase que précisément je saisis au vol, je trouve la conscience rétentionnelle des esquisses passées de la situation temporelle, et de même dans chaque nouveau maintenant », *Beilage* VI, *op. cit.*, p. 111 ; *cf. Beilage* IX, *op. cit.*, p. 118 : « chaque phase qui a conscience rétentionnellement de la précédente inclut en soi en une chaîne d'intentions médiates toute la suite des rétentions écoulées. »

dont elle est immédiatement la rétention mais encore « la modification continue de toutes les modifications continues antérieures du même point-de-mise-en-jeu »[1]. Et une fois rappelé que, « dans le passage absolu, s'écoulant, la première sensation originaire se change en rétention et cette rétention en rétention de cette rétention, et ainsi de suite », Husserl poursuit : « avec la première rétention est à la fois là un nouveau "maintenant", une nouvelle sensation originaire continûment liée au moment de cette rétention, de sorte que la deuxième phase du flux est sensation originaire du nouveau maintenant et rétention du précédent, la troisième phase derechef nouvelle sensation originaire avec rétention de la deuxième sensation originaire et rétention de la rétention de la première, et ainsi de suite »[2]. S'étendant à l'ensemble des vécus en tant que tels et impliquant à chaque fois tout le passé – « chaque phase du flux est une *continuité d'esquisses* »[3] – la modification rétentionnelle de l'impression *au double sens du génitif* est la fluance même du flux, son identité dès lors que cette dernière n'est pas « l'unité d'une constance » mais une « structure formelle [...] qui demeure »[4]. Nous y reviendrons.

1. *Ibid.*, § 11, p. 30. « Une infinité de modifications les unes dans les autres », dit encore Husserl ; *ibid.*, *Beilage* I, *op. cit.*, p. 100.

2. *Ibid.*, § 39, p. 81.

3. *Ibid.*, § 35, p. 74.

4. *Vorlesungen zur Phänomenologie des inneren Zeitbewußtseins*, *Beilage* VI, *op. cit.*, p. 114.

Modification *d*'une impression, la rétention est, comme toute modification nécessairement intentionnelle si ce n'est l'intentionnalité *in statu nascendi*. Comment l'est-elle ? Distingue-t-on entre le contenu réel (*reell*) et le contenu intentionnel d'un vécu, entre ce qui y est proprement vécu ou senti et ce qui y est visé[1] sans être proprement vécu, alors le son retenu n'est pas réellement mais intentionnellement contenu dans la rétention. La conscience rétentionnelle qui « contient réellement une conscience du passé du son »[2] sans contenir réellement le son passé dont elle est consciente, n'est donc ni l'appréhension en tant que souvenir d'un contenu senti réellement inclus en elle, ni la reproduction d'un objet passé. Elle est l'intuition originaire du passé. Et « si nous nommons perception *l'acte en qui* réside *toute « origine », qui constitue originairement*, alors *le souvenir primaire est perception*. Car c'est seulement dans le souvenir primaire que nous *voyons* le passé, c'est seulement en lui que se constitue le passé, et ce de manière non pas représentative mais présentative. »[3]

---

1. Cf. *Logische Untersuchungen*, V, § 16, Husserliana XIX/1, p. 411 *sq.*

2. *Vorlesungen zur Phänomenologie des inneren Zeitbewußtseins*, § 12, *op. cit.*, p. 32.

3. *Ibid.*, § 17, p. 41. *Cf.* § 13, p. 34 : « De même que dans la perception je vois l'être-maintenant, et dans la perception étendue (*extendierten*), telle qu'elle se constitue, l'être qui dure, de même, je vois le passé dans le souvenir primaire, il y est donné, et la donnée du passé c'est le souvenir » ; et § 38 : « dans le vécu modifié nous "voyons" pour ainsi dire le vécu non-modifié », *op. cit.*, p. 79.

Modification d'une impression, la rétention lui est donc par essence consécutive, « ne peut survenir *qu'*à titre *d'annexe*, comme *continuation* d'une conscience de perception »[1], elle est « la poursuite d'une conscience impressionnelle »[2] mais aussi le rapport d'une impression à l'autre ou, pour le dire autrement, *la rétention est le rapport d'un maintenant à l'autre et, en ce sens, l'intentionnalité dans son principe, avant toute objectivation.* « La rétention, dit Husserl, ne produit aucune objectivité de durée (originairement ou reproductivement) mais retient seulement dans la conscience ce qui est produit et lui imprime le caractère du "juste-passé" »[3].

Toutefois, ledit rapport serait-il possible si, d'une manière ou d'une autre, la rétention n'appartenait pas *aussi* à l'impression *en tant que telle*, si l'impression n'était pas *aussi* rétention dès lors que

1. « "Inhalt" und "Auffassungsmomente" und die Evidenz der frischen Erinnerung », n° 47, *op. cit.*, p. 317-318. Husserl nomme « queue de comète » ou « halo temporel (*Zeithof*) », la « continuation » rétentionnelle du « noyau » de l'impression ; cf. *Vorlesungen zur Phänomenologie des inneren Zeitbewußtseins*, § 11, *op. cit.*, p. 30 et § 14, *op. cit.*, p. 35 où il est également dit que le souvenir primaire « fusionne » avec l'appréhension du maintenant.

2. *Ibid.*, § 13, p. 34. *Cf.* « Retentionale und reproduktive Vergegen-wätigung der Urpräsenz », in *Die Bernauer Manuskripte über das Zeitbewusstsein (1917-1918)*, Husserliana, Bd. XXXIII, n° 3, p. 61, où il est dit que « la rétention n'est donc pas une reproduction mais une part de "l'impression" », et précisé en note : « Cela vaut aussi pour la rétention "concrète" qui, à proprement parler, n'est pas du tout concrète puisqu'elle n'est pensable que comme l'acte final d'une perception ».

3. *Ibid.*, § 14, p. 36-37.

la rétention d'une impression est *aussi* une autre impression? Mais cette question a-t-elle un sens si l'impression originaire est la source des modifications rétentionnelles? Husserl n'affirme-t-il pas que l'impression originaire est « le commencement absolu » de la double continuité rétentionnelle, qu'elle « n'est pas elle-même produite, ne naît pas comme un produit mais par *genesis spontanea*, est génération originaire », voire « création originaire »[1]? Assurément, mais cela ne suffit peut-être pas à invalider la question.

Pourquoi? Partons du maintenant *lui-même*. « C'est un fait (*Tatsache*) général et fondamentalement essentiel, dit Husserl, que, sombrant dans le passé, tout maintenant conserve son identité rigoureuse »[2]. En d'autres termes, chaque impression originaire demeure identique à soi alors même que change la manière dont elle se donne (comme présente ou passée) et, tout en perdant son caractère de maintenant, le maintenant retenu « se tient absolument inchangé dans son intention objective, il est intention d'une objectivité individuelle, et intention qui intuitionne. De ce point de vue, il n'y a aucune altération »[3]. Et c'est en raison de cette invariable identité que la nouveauté appartient au maintenant. « Avant tout, le moment du maintenant

---

1. *Vorlesungen zur Phänomenologie des inneren Zeitbewußtseins*, *Beilage* I, *op. cit.*, p. 100.
2. *Ibid.*, § 30, p. 62.
3. *Ibid.*, p. 63.

est caractérisé en tant que le nouveau » [1]. Ou encore :
« tout nouveau maintenant est précisément un
nouveau et est en tant que tel phénoménologiquement
caractérisé » [2]. *Phénoménologiquement* : au regard
du mode de donnée. Et si l'impression originaire est
génération ou création originaire, c'est parce qu'elle
est le mode de donnée du maintenant qui, par
essence, *en tant que maintenant*, est commencement
absolu. Mais comment la nouveauté du maintenant
serait-elle accessible si le maintenant juste-passé
relativement auquel nouveauté il y a, n'appartenait
pas lui-même, lui aussi, à l'originaire ? Comment
la nouveauté pourrait-elle apparaître *en tant que
telle* sans l'appartenance originaire de la rétention
à l'impression ? Dire qu'entre deux maintenants
ayant le même contenu d'appréhension et suppor-
tant la même appréhension, « il n'y a pas moins une
différence originaire qui appartient à une dimension nouvelle », et qui n'est autre que « la loi de
modification continue » [3], n'est-ce pas tacitement
reconnaître cette appartenance ? Si la différence est
originaire et la modification continue, impression et
rétention ne doivent-elles pas être originairement
et continûment inséparables ? Dire que « tout point
de temps est individuellement différent de tout

1. *Ibid.*
2. *Ibid.*, § 31, p. 65.
3. *Ibid.*, *Beilage* III, p. 106 où « l'originaire » est dit « ne consister
en rien d'autre que, précisément, dans le passage de chaque maintenant
au maintenant nouveau ».

autre, mais précisément différent et non séparé
(ver*schieden* und nicht ge*schieden*) »[1], ou encore
que, « dans chaque phase originaire qui constitue
originairement le contenu immanent, nous avons des
rétentions des phases précédentes et des protentions
des phases à venir de ce contenu précisément »[2],
n'est-ce pas dire que chacun de ces points est
en lui-même rapport aux autres et ainsi que la
rétention appartient originairement à l'impression ?
L'originaire n'est-il pas alors passage, transition et
transitivité : intentionnalité ? Après avoir affirmé
que « l'originaire n'est précisément rien d'autre
que le passage de chaque maintenant au maintenant
nouveau »[3] et que « cela appartient à l'essence
de la perception », Husserl prend soin d'ajouter :

---

1. *Vorlesungen zur Phänomenologie des inneren Zeitbewußtseins*,
§ 41, *op. cit.*, p. 86. L'appartenance de la rétention à l'impression
en tant que telle a, d'une certaine façon, déjà été mise en relief par
R. Bernet. « La rétention, écrit-il, est une intention présente qui est
indissolublement liée à une impression originaire présente et qui se
rapporte aux impressions originaires précédant l'impression originaire
à laquelle elle est liée. À parler d'une manière schématique, la rétention
associée à l'impression originaire-2 est conscience de l'impression
originaire-1. Et la rétention associée à l'impression originaire-3 est
rétention non seulement de l'impression originaire-2, mais aussi de
la rétention qui y était associée (rétention-2) et qui est rétention de
l'impression originaire-1 » ; *cf.* « La présence du passé (Husserl) », in
La vie du sujet, Paris, P.U.F., 1994, p. 231. Nous disons *appartenance*
car la rétention qui n'est pas une conscience d'objet ne saurait être
une intention *présente* « indissolublement liée » ou « associée » à une
impression originaire *présente* si l'une et l'autre n'appartenaient pas au
même présent, au même maintenant : à la même impression originaire.

2. *Ibid.*, § 40, p. 84.

3. *Ibid.*, *Beilage* III, p. 106.

« je dis mieux : cela appartient à l'essence de l'impression »[1].

N'est-ce pas alors relativement à l'impression-rétention que ressort le caractère *abstrait* de l'impression *originaire* comme mode de donnée du maintenant ponctuel ou de la seule ponctualité initial du maintenant ? Au § 16 des *Leçons*, après avoir affirmé qu'idéalement, « la perception (l'impression) serait la phase de conscience qui constitue le pur maintenant et le souvenir, tout autre phase de la continuité », Husserl précise que « ce n'est là précisément qu'une limite idéale, quelque chose d'abstrait, qui ne peut rien être pour lui-même », et finit par conclure, proposition décisive, « que même ce maintenant idéal n'est pas quelque chose qui diffère *toto caelo* du non-maintenant mais qu'il se médiatise continûment avec lui »[2]. Autrement dit,

1. *Ibid.*, p. 107. Un peu plus haut, Husserl notait déjà que, « pour ce qui concerne la sensation isolée, elle n'est en vérité rien d'isolé. C'est-à-dire que les contenus primaires sont partout porteurs de rayons d'appréhension sans lesquels ils ne se manifestent pas, si indéterminés que puissent encore être ces rayons », *ibid.* p. 105.

2. *Ibid.*, § 16, p. 40. Après avoir distingué le maintenant (*Jetzt*) du présent au sens large et cité ces mêmes lignes, Yvonne Picard en concluait d'abord que « l'impression originaire n'a de sens que pour et par la rétention – la rétention n'a de sens que pour et par l'impression » et, ensuite, que « le rapport impression-rétention est dialectique ». Si Hegel dit bien que « le maintenant et la monstration du maintenant sont ainsi constitués que ni le maintenant ni la monstration du maintenant ne sont une chose simple immédiate mais un mouvement qui a en lui divers moments », il demeure que l'impression et la rétention tirent leur sens l'une de l'autre sans que l'une soit la négation de l'autre puisque la rétention est une *modification* de l'impression. Cf. *Phänomenologie des Geistes*, hgg. von H-F. Wessels und H. Clairmont, Philosophische

dans le cas d'un objet-de-temps, nulle appréhension n'est séparable des autres ni susceptible d'être donnée à part, individuellement, au contraire les appréhensions passent continûment les unes dans les autres et, « conformément à l'essence de la chose même, nous n'avons toujours et ne pouvons avoir que des continuités d'appréhensions ou plutôt un unique *continuum* se modifiant sans cesse » [1]. Aussi l'expérience des objets-de-temps requiert-elle une redétermination du maintenant au terme de laquelle il est pour ainsi dire déponctualisé, et c'est par fidélité aux choses mêmes qu'il faut admettre que « toute constitution n'obéit pas au schéma appréhension – contenu d'appréhension » [2].

Au § 31 des *Leçons*, se proposant de « mettre en relief, *au sein de l'impression*, l'impression originaire à laquelle s'oppose le *continuum* qui se tient dans la conscience primaire de souvenir » [3], Husserl ne distingue pas seulement impression et impression originaire mais il fait de la modification rétentionnelle un moment de l'impression. L'impression originaire est inséparable *et donc*

Bibliothek, p. 75 et Y. Picard, *Le temps chez Husserl et Heidegger*. Écrit en 1941, ce dernier texte a été publié en 1946 dans *Deucalion* I et republié en 2008 par les soins de D. Giovannangeli dans le n° 100 de *Philosophie*, *cf.* p. 17.

1. *Ibid.*, § 31, p. 65.
2. *Ibid.*, § 1, note 1, p. 7, déjà cité.
3. *Ibid.*, § 31, p. 68, souligné par nous.

dépendante de la rétention [1]. Aussi est-ce « seulement avec elle [*scil.* la modification de passé subie par l'impression originaire] que nous avons épuisé le concept total du maintenant dans la mesure où il est relatif et renvoie à un "passé", comme "passé" renvoie à "maintenant". Aussi cette modification concerne-t-elle d'abord la sensation *sans supprimer son caractère impressionnel général* » [2].

Abstraite de la modification rétentionnelle, l'impression demeure incomplète, est une origine à l'origine *de* rien. Husserl affirme certes que « l'impression originaire est le non-modifié absolu, la source originaire pour toute conscience et tout être ultérieurs (*für alles weitere Bewußtsein und Sein*) », voire que « l'impression originaire a pour contenu ce que signifie le mot maintenant dans la mesure où il est pris au sens le plus rigoureux » [3]. Quel est ce sens ? Une fois encore, le maintenant est nouveau, la nouveauté même. En elle réside son individuation, sa différence d'avec tout autre maintenant, ce que Husserl nomme « le moment de la situation temporelle originaire » [4] dont le maintenant tire son

1. Cf. *Logische Untersuchungen*, III, chap. I, Husserliana XIX/1, p. 229 *sq.*

2. *Vorlesungen zur Phänomenologie des inneren Zeitbewußtseins*, § 31, *op. cit.*, p. 68, souligné par nous.

3. *Ibid.*, § 31, p. 67. *Cf.* « Zur Phänomenologie der Abklangsphänomene », in *Die Bernauer Manuskripte über das Zeitbewußtsein (1917-1918)*, Husserliana, Bd. XXXIII, p. 65 : « l'originarité est le zéro de la modification en tant que modification ».

4. *Vorlesungen zur Phänomenologie des inneren Zeitbewußtseins*, § 31, *op. cit.*, p. 68.

identité *et dont procède toute identité objective en général* puisque « c'est dans la conscience de temps que s'accomplit toute objectivation » et que, « sans l'élucidation de l'identité de la situation temporelle, on ne saurait offrir la moindre élucidation de l'identité d'un objet dans le temps » [1] ni comprendre la conscience reproductrice. Sans l'individualité absolue du maintenant et l'identité immuable de la situation temporelle – « l'identité de l'individu est *eo ipso* l'identité de la situation temporelle » [2] –, on ne saurait parler d'un flux *de* modifications et toute rétention, toute intentionnalité en général, serait impossible.

Or si le moment individualisant de la situation temporelle originaire de l'impression « n'est naturellement rien pour soi » et que « l'individuation n'est rien hors de ce qui possède l'individuation » [3], l'impression originaire requiert la modification rétentionnelle à défaut de laquelle ladite impression ne saurait être la source *de* toute conscience *et de* tout être *ultérieurs*. Considérée dans sa plénitude concrète, l'impression est « un acte en dégradé

---

1. *Ibid.*, § 31, p. 64 ; *cf.* p. 68 : « L'objectivité présuppose la conscience d'unité, la conscience d'identité ».

2. *Ibid.*, § 31, p. 68. *Cf.* § 33, *op. cit.*, p. 71 : « le maintenant actuel est *un* maintenant et constitue *une* situation temporelle, quel que soit le nombre des objectivités qui se constituent séparément en lui ».

3. *Ibid. Cf.* p. 67 : « Ce que signifie "individuel", c'est la forme temporelle originaire de la sensation ou, comme je peux aussi le dire, la forme temporelle de la sensation originaire, ici de la sensation du point-maintenant de chaque fois et de lui seulement ».

continu »[1]. Le phénomène le plus riche ayant priorité sur le plus pauvre, c'est depuis une impression *à laquelle appartient essentiellement la queue de comète rétentionnelle* qu'est accessible par voie d'abstraction l'impression originaire. *Et non l'inverse.* Partant, il est impossible d'opposer la rétention à l'impression comme le néant à l'être[2] pour justifier la priorité de la phénoménologie matérielle sur la phénoménologie hylétique et, dès lors que l'impression n'est pas abstraitement réduite à son noyau, affirmer que « la conscience n'est rien sans impression »[3] revient à dire une fois encore que toute conscience est intentionnelle sans être *ipso facto* objectivante. Au regard de l'impression ou de la sensation, les deux mots ont ici le même sens[4], « la sensation originaire est un *abstractum* » et si « *sensation originaire* désigne la phase dépendante de l'originarité » alors que « sensation tout court désigne toute la conscience temporelle-constituante où se constitue un contenu sensible immanent »[5],

---

1. *Ibid.*, § 19, p. 47 où il est également dit « qu'il appartient à l'essence des vécus de devoir être étendus (*extendiert*, étirés) de sorte qu'aucune phase ponctuelle ne puisse être pour soi ». L'intentionnalité ne va donc pas sans extensionnalité temporelle.

2. *Cf.* M. Henry, « Phénoménologie hylétique et phénoménologie matérielle », in *Phénoménologie matérielle*, Paris, P.U.F., 1990, p. 42.

3. *Vorlesungen zur Phänomenologie des inneren Zeitbewußtseins, Beilage* I, *op. cit.*, p. 100.

4. Cf. *Ibid.*, *Beilage* III, *op. cit.*, p. 103.

5. « Die primäre Erinnerungsmodifikation », n° 50, *op. cit.*, p. 326 et note 1.

c'est en fonction de cette dernière acception que doit être entendue la proposition selon laquelle « la sensation est la conscience présentative *du* temps » [1].

§ 3. *L'avant-à-la fois.*

Telles qu'elles furent publiées en 1928, les *Leçons pour une phénoménologie de la conscience intime du temps* comprennent trois sections précédées d'une introduction et suivies de textes complémentaires. Après avoir d'entrée mis hors jeu le temps objectif et caractérisé la spécificité du domaine phénoménologique, Husserl s'y engage, c'est l'objet de la première section, en critiquant la doctrine brentanienne de l'origine du temps dont les apories conduisent à l'analyse constitutive de la conscience du temps que la section suivante prend pour thème. Nous venons de le voir, celle-ci gravite autour des rapports de la rétention et de l'impression, de l'identité et de l'individualité du maintenant, autour de ce que, selon les premiers mots de la section finale intitulée *Les niveaux de constitution du temps et des objets-de-temps*, Husserl nomme « les phénomènes qui sautent le plus aux yeux » [2].

Quels sont ces niveaux ? Il y a d'abord celui de l'expérience objective, scientifique et préscientifique, celui ensuite des unités immanentes au

1. *Vorlesungen zur Phänomenologie des inneren Zeitbewußtseins*, *Beilage* III, *op. cit.*, p. 107, souligné par nous et déjà cité.
2. *Ibid.*, § 34, p. 73.

sein du « temps pré-empirique »[1] et des multiples esquisses qui les constituent, celui enfin du flux absolu de la conscience constituant le temps. Remonter ainsi des unités constituées à l'ultime flux constitutif soulève aussitôt la question de savoir quelle peut être l'unité du flux absolu *lui-même* dès lors que « dans le flux, et par principe, nul fragment de non-flux ne saurait apparaître »[2] ? Et si, absolu, le flux se constitue lui-même, « d'où tiré-je connaissance du flux constituant ? »[3]

Quel est, au regard des unités constituées dans le temps et de la durée qui leur revient, la singularité du flux absolu de la conscience constitutive du temps ou, pour poser la question plus précisément et plus radicalement, « *y a-t-il un sens* à dire, au sens propre et effectif, que *les apparitions constitutives de la conscience de temps* (de la conscience intime du temps) *tombent elles-mêmes dans le temps (immanent) ?* »[4] En tant qu'il dure, tout objet individuel est continûment dans le temps et tire son identité de cet être-continûment-dans-le-temps ou processus. Inversement, « ce qui est dans le temps est continûment dans le temps et est l'unité du processus qui, dans le procès, entraîne

---

1. *Ibid.*
2. *Ibid.*, *Beilage* VI, *op. cit.*, p. 114.
3. *Ibid.*, p. 111.
4. « Bewußtsein (Fluß), Erscheinung (immanentes Objekt) und Gegenstand », n° 54, *op. cit.*, p. 369.

inséparablement l'unité de ce qui dure »[1]. Au regard des unités constituées dans le temps, toute phase du processus est donc susceptible de « se prolonger (*ausbreiten*) en identité avec elle-même »[2], « de se perpétuer en identité avec elle-même »[3]. Il n'y a, par contre, rien de tel dans le flux constituant où, par principe, nulle phase ne saurait « s'étendre (*ausdehnen*) en identité avec elle-même »[4], flux où, à nouveau, le passage est la loi, à supposer bien sûr qu'on puisse parler de loi. Si « la durée est la forme d'un quelque chose qui dure, d'un être qui dure », alors « dans le flux originaire, il n'y a aucune durée », voire aucun processus puisque ce concept « présuppose la persistance »[5]. Les phénomènes constitutifs du temps ne relèvent donc pas du temps immanent et il est impossible de dire « qu'ils sont dans le maintenant et qu'ils ont été auparavant (*vorher*), qu'ils se suivent temporellement les uns les autres ou qu'ils sont simultanés les uns des autres »[6]. Le temps se constitue dans le flux originaire absolu mais celui-ci ne se constitue pas dans le temps.

---

1. *Vorlesungen zur Phänomenologie des inneren Zeitbewußtseins*, § 35, *op. cit.*, p. 74.

2. *Ibid.*

3. « Bewußtsein (Fluß), Erscheinung (immanentes Objekt) und Gegenstand », n° 54, *op. cit.*, p. 370.

4. *Vorlesungen zur Phänomenologie des inneren Zeitbewußtseins*, § 35, *op. cit.*, p. 74.

5. *Ibid.*, *Beilage* VI, p. 113.

6. *Ibid.*, § 36, p. 75.

Partant, comment la succession et la simultanéité se constituent-elles ? Si le flux absolu de la conscience est unique, il demeure que, par réflexion, « nous y trouvons plusieurs flux dans la mesure où commencent et finissent plusieurs séries de sensations originaires »[1]. D'où provient alors l'unicité du flux ? D'une part, chacune de ces sensations est séparément soumise à la loi de modification rétentionnelle, d'autre part « il y a quelque chose comme une forme commune du maintenant, une similitude en général dans le mode du flux »[2]. Lorsque plusieurs sensations originaires sont données d'un seul trait, chacune d'elles s'écoule sur le même *tempo* que les autres ou, « mieux décrit : les nombreuses sensations originaires s'écoulent et, dès le début, disposent des mêmes modes d'écoulement, à ceci près que les séries de sensations originaires constitutives des objets immanents qui durent, se poursuivent différemment selon les différences de durée des objets immanents. Elles ne font pas toutes le même usage des possibilités formelles. Le temps immanent se constitue en tant qu'*un* pour tous les objets et processus immanents. Corrélativement, la conscience de temps des immanents (*Immanenten*) est unité d'un tout »[3].

---

1. *Ibid.*, § 38, p. 76.
2. *Ibid.*, § 38, p. 77.
3. *Ibid.*

Certes, à côté des sensations originaires s'écoulant « ensemble (*zusammen*) », il en est qui le font « à la suite (*nacheinander*) ». Si les premières relèvent d'un même maintenant et sont toutes « effectives »[1], les secondes sont pour part effectives, pour part écoulées. « Mais qu'est-ce que cela signifie ? On ne peut ici rien dire d'autre que "voyez" : une sensation originaire ou un groupe de sensations originaires dont on a conscience en un maintenant immanent, (un maintenant de son et, dans le même maintenant, une couleur, etc.), se change continûment en modes de conscience-du-juste-avant en laquelle l'objet immanent est conscient en tant que passé, et "à la fois (*zugleich*)" survient ensemble (*zusammen*) une nouvelle et toujours nouvelle sensation originaire, un maintenant toujours nouveau est établi, et par là est conscient un maintenant de son, un maintenant de forme, etc. toujours nouveau. Au sein d'un groupe de sensations originaires, une sensation originaire se distingue d'une sensation originaire par le contenu, seul le maintenant est le même. Quant à sa forme, en tant que conscience de sensation originaire, la conscience est identique »[2].

---

1. Husserl pose qu'être maintenant, c'est être effectif en rappelant que, pour Brentano, « les déterminations temporelles ne déterminent pas, elles altèrent essentiellement, tout comme le font les déterminations "représenté", "souhaité", etc. Un thaler représenté, possible, n'*est* pas un thaler. Seule la détermination "maintenant" fait exception. Le A étant maintenant est bien un A effectif », *Vorlesungen zur Phänomenologie des inneren Zeitbewußtseins*, § 5, *op. cit.*, p. 14.

2. *Ibid.*, § 38, p. 77-78.

S'il est nécessaire de ne pas confondre les sensations originaires qui s'écoulent *ensemble* et celles qui s'écoulent *à la suite*, il demeure « qu'avec la conscience de sensation originaire vont "ensemble" des séries continues de modes d'écoulement de sensations originaires "antérieures", de conscience-de-maintenant antérieures. *Cet* ensemble est un ensemble de modes de conscience continûment *changés* en leur forme, alors que l'ensemble des sensations originaires est un ensemble de modes purement *identiques selon la forme* »[1]. L'ensemblement ne s'accomplit donc pas d'une seule et même manière selon qu'il s'agit de la constitution de la simultanéité ou de celle de la succession, et c'est pourquoi Husserl recourt à une distinction « terminologique » entre « l'avant-à-la-fois (*Vor-Zugleich*) fluxionnel et le à-la-fois (*Zugleich*) impressionnel des fluxions »[2].

L'introduction de cette terminologie tire son sens de ce qui y est forclos car on ne saurait en appeler à la simultanéité (*Gleichzeitigkeit*) lorsqu'il s'agit d'en décrire la constitution et, de manière générale, « nous ne saurions parler d'un temps de la conscience ultimement constituante »[3]. Plus précisément, si la simultanéité d'une couleur et d'un son appartenant au même « maintenant actuel », se constitue avec les impressions originaires d'où ne

1. *Ibid.*, § 38, p. 78.
2. *Ibid.*
3. *Ibid.*

cessent de sourdre des modifications rétentionnelles, abstraction faite de celles-ci, celles-là ne sont pas proprement temporelles car, une fois encore, ce n'est pas la sensation réduite à son noyau mais le noyau impressionnel *et* sa queue rétentionnelle qui constituent la conscience originaire du temps.

Le à-la-fois impressionnel des écoulements n'est pas la simultanéité temporelle et « l'avant-à-la-fois fluxionnel » n'est pas la succession temporelle (*Zeitfolge*). À nouveau, comment celle-ci se constitue-t-elle ? Une impression originaire B succède à une impression originaire A lorsque l'une et l'autre sont données séparément et qu'est également donné le laps de temps qui les sépare. « B succède à A : est donnée une succession de deux *data* avec une forme temporelle déterminée, un écart de temps, qui embrasse le l'un-après-l'autre. La *conscience de succession* est une conscience originairement donatrice, est la "perception" de ce l'un-après-l'autre »[1]. Ainsi décrite, la succession temporelle requiert l'avant-à-la-fois fluxionnel. En effet, quand B apparaît, je continue à avoir conscience de l'identité de A dans le flux continu de ses modifications rétentionnelles. Et il en va de même pour B mais aussi pour l'intervalle de temps, l'après (–), qui les sépare. Autrement dit, le *continuum* rétentionnel dont l'avant-à-la-fois fluxionnel est le mode d'accomplissement et qui est

---

1. *Vorlesungen zur Phänomenologie des inneren Zeitbewußtseins*, § 18, *op. cit.*, p. 42.

constitutif de l'un (A), de l'autre (B) et de l'après (–), est constitutivement préalable à la conscience de succession temporelle en tant que perception du l'un-après-l'autre.

Fondées sur ces deux modes d'ensemblement, les constitutions de la succession et de la simultanéité sont liées et, ressortissant l'une et l'autre à la constitution du temps, elles supposent l'unité du flux. « Simultanéité et succession temporelle doivent se constituer corrélativement et inséparablement » [1]. Mais, « c'est ici que surgit la difficulté » [2], comment l'unité du flux de la conscience constituante absolue est-elle constituée et comment pouvons-nous en prendre connaissance sans recourir à un deuxième flux au sein duquel apparaîtrait l'unité du premier – et ainsi *in infinitum*? En d'autres termes, le flux s'offre-t-il de lui-même à la connaissance de lui-même?

Revenons sur la rétention autour de laquelle, thématiquement ou non, gravite toute l'analyse constitutive du temps. Lorsque je perçois un son, il apparaît comme un-et-le-même dans le double *continuum* des modifications rétentionnelles et j'en ai conscience selon les modes de l'orientation temporelle. Dans cette conscience, « je trouve un "l'un-après-l'autre", je le trouve en tant qu'un "*flux*", et j'y trouve une phase de "maintenant", à

---

1. *Ibid.*, § 38, p. 78.
2. « Bewußtsein (Fluß), Erscheinung (immanentes Objekt) und Gegenstand », n° 54, *op. cit.*, p. 378.

savoir une phase qui rend originairement conscient le maintenant de son : la phase originairement présentative. Mais "à la fois" j'y trouve une continuité de phases qui font la conscience de l'antérieur. Et tout cet "à-la-fois" de présentation originaire et de continuité des phases passées fait le moment mobile de l'actualité de la conscience qui, dans un changement incessant, constitue l'objet immanent » [1].

Il ressort de cette description que c'est au sein du même flux que se constitue l'unité de la durée du son et l'unité de la conscience de cette même durée, c'est-à-dire l'unité du flux. Cela implique d'abord que *la fluance du flux réside dans l'avant-à-la-fois propre à la modification rétentionnelle*. Accédant à la forme du flux sans porter atteinte à celui-ci et faisant de son contenu le mode d'accomplissement de sa forme, « le fluer, dit Husserl, n'est pas seulement fluer en général mais toute phase est d'une seule et même forme, la forme constante est toujours à nouveau remplie par un "contenu" mais le contenu n'est justement rien d'extérieurement introduit dans la forme, il est déterminé par la forme de la légalité : mais celle-ci n'est pas seule à déterminer le *concretum*. La forme consiste en ce qu'un maintenant se constitue par une impression à laquelle s'articulent une queue de rétentions et un

---

1. « Bewußtsein (Fluß), Erscheinung (immanentes Objekt) und Gegenstand », n° 54, *op. cit.*, p. 378.

horizon de protentions »[1]. Et si dans le flux tout est flux, ce dernier n'en possède donc pas moins une structure formelle que désigne l'avant-à-la-fois et en vertu de laquelle il cesse d'être un ἄρρητον.

Cela implique ensuite que le flux de la conscience absolue constitue sa propre unité et du même coup que cette constitution déroge au schéma « appréhension – contenu d'appréhension » qui ne vaut qu'au niveau de la temporalité constituée et des objets dont elle est la forme, et schéma relativement auquel « il peut paraître choquant (voire initialement absurde) que le flux de conscience constitue sa propre unité »[2]. Dès lors, comment celle-ci se constitue-t-elle et où le rechercher sinon dans la fluance du flux au sein duquel se constitue *et* l'unité temporelle immanente du son *et* l'unité de la conscience de ce même son, sinon par conséquent dans la loi de modification rétentionnelle? La rétention possède une double intentionnalité. Elle est rétention *du* son et à ce titre constitutive de celui-ci comme objet immanent qui dure, elle est rétention *de* rétention selon l'avant-à-la-fois, « rétention continue des phases précédentes »[3] et, à ce titre, constitutive de l'unité *des rétentions du* son tout au long du flux, *c'est-à-dire de l'unité du flux.* « Ainsi traversé par une intentionnalité longitudinale qui, au cours du

---

1. *Vorlesungen zur Phänomenologie des inneren Zeitbewußtseins*, *Beilage* VI, *op. cit.*, p. 114.

2. *Ibid.*, § 39, p. 80.

3. *Ibid.*, § 39, p. 81.

flux, est continûment en unité de recouvrement avec elle-même » [1], le flux constitue sa propre unité, *son absoluité même*, puisqu'il n'y est pas encore question d'*ego* transcendantal dont la constitution ne manquera pas d'être liée à l'*auto*-constitution du temps.

Quel est le rapport entre cette intentionnalité longitudinale par quoi se constitue l'unité du flux « en tant qu'ordre uni-dimensionnel *quasi*-temporel », et l'intentionnalité « transversale » [2] en vertu de laquelle j'ai conscience du son dans sa durée ? De quels regards ces intentionnalités sont-elles la mise en œuvre ? L'intentionnalité transversale offre au regard ce sur quoi elle est dirigée : le son dans sa durée et qui dure identique à travers le flux des modifications rétentionnelles des sensations originaires et des rétentions antérieures. Au contraire, l'intentionnalité longitudinale détourne le regard reflexif du son lui-même pour le tourner, « en un point de l'avant-à-la-fois, vers la nouveauté de la sensation originaire et vers ce qui est retenu "à-la-fois" dans une série continue. Le retenu est la conscience passée selon la série de ses phases (et d'abord sa phase précédente), et alors, dans la poursuite continue du flux de la conscience, je saisis la série retenue de la conscience écoulée avec le point limite de la sensation originaire actuelle et le

---

1. *Vorlesungen zur Phänomenologie des inneren Zeitbewußtseins*, § 39, *op. cit.*, p. 81.
2. *Ibid.*, § 39, p. 82.

recul continu de cette série avec la nouvelle arrivée de rétentions et de sensations originaires »[1].

Il convient d'y insister, le *même* regard ne saurait porter sur le point de nouveauté de la sensation originaire *et* sur ce qui y est retenu « à-la-fois » – la conscience passée selon la suite de ses phases – si la rétention et l'impression n'appartenaient pas au *même* point ou maintenant, ne relevaient pas de ce que Husserl en écho à la simultanéité (*Gleichzeitigkeit*) nomme la « simul-maintenance (*Gleich-Jetzigkeit*) »[2]. Répétons-le, tout vécu est imprimé et, à ce titre, la rétention est toujours aussi une impression. Cela implique que le rapport d'une impression originaire à une autre, rapport dont la rétention est l'accomplissement, est, *en tant que ce rapport*, une impression originaire soumise comme les autres à la loi de modification rétentionnelle. À raison de la continuité du flux, ce rapport appartient à chacune de ses phases et donc à toute impression originaire *en tant que telle*. Dire comme le fait Husserl que chaque point du temps est individuellement différent (ver*schieden*) de tout autre sans en être séparé (ge*schieden*)[3], n'est-ce pas alors admettre que tout maintenant *est* en tant que différent-et-inséparable-de-tout-autre et, du même coup, que la rétention habite originairement l'impression originaire elle-même ?

1. *Ibid.*
2. *Ibid.*, *Beilage* VII, p. 115.
3. Cf. *ibid.*, § 41, p. 86, déjà cité.

De la double appartenance de la rétention à l'impression et de l'impression à la rétention, l'avant-à-la-fois où se concentre toute l'analyse husserlienne de la temporalité, forme pure du passage, est le lieu et la structure. Comment le regard peut-il alors être porté par l'intentionnalité longitudinale et par l'intentionnalité transversale ou, pour poser la question différemment, « puis-je trouver et saisir en un regard toute la conscience rétentionnelle de l'écoulement passé de la conscience incluse dans un avant-à-la-fois »[1]? Sans doute mais pour cela, il me faut saisir l'avant-à-la-fois lui-même, la fluance même du flux en tant que *continuum* des phases qui s'attachent à une sensation originaire et dont chacune est la conscience rétentionnelle du maintenant antérieur[2], avant-à-la-fois qui ne cesse de se modifier dans le flux et qui, s'y modifiant sans cesse, se recouvre intentionnellement lui-même en sorte de constituer une unité dans le flux. Cette unité immanente est, quant à elle, sans cesse repoussée dans le passé par l'incessant renouvellement du maintenant. Et au long cours de ce « procès », le regard peut soit « demeurer fixé sur le à-la-fois momentané qui sombre », soit, la constitution de l'unité rétentionnelle ajoutant sans cesse du

1. *Vorlesungen zur Phänomenologie des inneren Zeitbewußtseins*, § 39, *op. cit.*, p. 82.
2. Cf. *ibid.*, *Beilage* VIII, p. 117 : « Le fluer consiste dans le passage de chaque phase du champ originaire (donc d'un *continuum* linéaire) dans une modification rétentionnelle de cette même phase mais tout juste passé. Et ainsi de suite. »

neuf, « se focaliser » sur la nouveauté, « et il y a toujours conscience dans le flux en tant qu'unité constituée »[1].

Quelle conséquence tirer alors de ce qui précède sinon que « dans un flux de conscience unique, il y a *deux intentionnalités* inséparablement unitaires, l'une n'allant pas sans l'autre comme les deux côtés d'une seule et même chose (*Sache*), l'une et l'autre entrelacées l'une à l'autre »[2]. Si par l'intentionnalité transversale incluse dans chaque avant-à-la-fois, en chaque sensation, se constitue le temps immanent objectif où « il y a durée et changement de ce qui dure », par l'intentionnalité longitudinale se constitue « l'ordonnancement quasi-temporel des phases du flux qui, toujours et nécessairement possède le point de "maintenant" fluant, la phase de l'actualité et les séries des phases pré-actuelles et post-actuelles (pas encore actuelles). Cette temporalité pré-phénoménale, pré-immanente se constitue intentionnellement en tant que forme de la conscience constituante du temps et en elle »[3].

Un texte complémentaire laisse peut-être mieux ressortir l'unité des deux intentionnalités constitutives du flux de conscience et plus encore et surtout sa signification. « Nous avons dans le courant de conscience, écrit Husserl, une double intentionnalité. Ou bien nous considérons le

1. *Ibid.*, § 39, p. 82-83.
2. *Ibid.*, § 39, p. 83.
3. *Ibid.*

contenu du flux avec sa forme de flux. Nous
considérons alors la suite des vécus originaires,
qui est une suite de vécus intentionnels, conscience
de... Ou bien nous focalisons le regard sur les
unités intentionnelles, sur ce qui, dans l'écoulement
du flux, est intentionnellement conscient en tant
qu'une unité (*Einheitliches*); alors se tient là pour
nous une objectivité dans le temps objectif, le
champ temporel proprement dit par opposition au
champ temporel du courant des vécus »[1]. L'unité
de celui-ci, explique-t-il ensuite, est «une unité
qui se constitue originairement par le fait du flux
même; plus précisément, son essence propre n'est
pas seulement d'être en général mais d'être une
unité de vécus et d'être donné dans la conscience
intime au sein de laquelle un rayon d'attention peut
aller sur lui (rayon qui n'est pas lui-même offert à
l'attention, enrichit le courant mais ne change pas
le courant à considérer, le "fixe", le rend objectif).
La perception attentive de cette unité est un vécu
intentionnel à contenu variable, et il se peut qu'un
souvenir se dirige sur ce qui s'en est allé, le modifie
répétitivement, le compare à son semblable, et
ainsi de suite. Que cette identification soit possible,
qu'un objet soit ici constitué, cela tient à la structure
des vécus : à savoir que toute phase du courant se
change en rétention "de...", celle-ci à son tour, et
ainsi de suite. Sans cela un contenu en tant que vécu

1. *Vorlesungen zur Phänomenologie des inneren Zeitbewußtseins*,
Beilage VIII, *op. cit.*, p. 116.

ne serait pas pensable, sans cela et par principe le
vécu ne serait ni donné ni à donner au sujet en tant
qu'unité et ne serait donc rien » [1].

Sans cela : rien, puisque c'est seulement
depuis la modification rétentionnelle, en tant que
« structure formelle » et mode d'unification du
flux en lui-même et par lui-même, que sujet *et*
objet peuvent être donnés, *c'est-à-dire constitués*,
et l'intentionnalité longitudinale reconduit ainsi
à la source de l'intentionnalité objectivante. Mais
comment l'intentionnalité transversale y reconduit-
elle ? Distinguant les deux intentionnalités du
flux, Husserl nomme toujours l'intentionnalité
longitudinale en premier car elle constitue l'unité du
flux à défaut de laquelle nulle constitution ne serait
possible, sans laquelle *rien* ne serait jamais donné.
Aussi ne saurait-on comprendre la solidarité entre
les deux intentionnalités du flux et, du même coup,
l'intentionnalité objectivante sans décrire la manière
dont l'intentionnalité transversale « s'entrelace » à
l'intentionnalité longitudinale.

Si la rétention est bien rétention de rétention, etc.,
elle est aussi rétention d'une impression originaire
et, en deçà du schéma appréhension – contenu
d'appréhension, tous les vécus, nous l'avons vu,
sont intentionnels, qu'il s'agisse de l'impression,
de la rétention ou de la protention dont il n'a pas
encore été question. Et les vécus qui constituent
l'objectivation due à la « perception attentive »

1. *Ibid.*, p. 116-117.

sont « les actes de la conscience intime dont les "phénomènes" de la conscience constitutive du temps sont précisément l'objet »[1], – le mot *phénomène* signifiant ici « phénomène d'écoulement », « mode de l'orientation temporelle », « objet-dans-le-comment ». Or ces « phénomènes » sont « eux-mêmes des vécus intentionnels dont les points de temps et les durées de temps avec leur plénitude objective respective sont l'objet »[2]. Dès lors, « pendant que s'écoule le flux absolu du temps, les phases intentionnelles se déplacent mais de sorte qu'elles constituent, concurremment, des unités, passent les unes dans les autres en tant précisément que phénomènes d'une chose-une s'esquissant dans les phénomènes fluants, si bien que nous avons des "objets-dans-le-comment", et dans un comment toujours nouveau. La forme du comment est l'orientation : le maintenant, le tout-juste passé, l'advenant »[3]. Le regard cesse alors d'accompagner la modification rétentionnelle au long cours de l'unification du flux et porte maintenant sur *ce qui* est visé en chaque phase de ce dernier. C'est donc de l'entrelacs des intentionnalités longitudinale et transversale, en tant qu'elles sont constitutives du flux et en permettent la connaissance, que naît l'intentionnalité objectivante. Et cet entrelacs

---

1. *Vorlesungen zur Phänomenologie des inneren Zeitbewußtseins*, *Beilage* VIII, *op. cit.*, p. 117.
2. *Ibid.*
3. *Ibid.*

repose sur la double intentionnalité de la rétention, sur l'avant-à-la-fois qui, fluance, structure ou forme du flux, est donc la source de toute conscience *d*'objet, de toute objectivité.

Réponse est désormais donnée à la question de savoir si et comment le flux absolu de la conscience s'offre de lui-même à celle-ci et à la connaissance. Qu'il le doive à raison de son absoluité est une chose, la manière dont il le fait, une autre. Or, ici, s'offrir à la conscience, c'est apparaître *de* soi-même *à* soi-même et, pour le flux absolu de la conscience, se constituer soi-même. Et dans cette constitution de soi par soi, le constituant et le constitué se recouvrent puisqu'ils appartiennent à un seul flux, mais ne se recouvrent pas puisque la fluance de ce flux est l'avant-à-la-fois. C'est pourquoi, *reconduisant l'être et le connaître au flux depuis sa seule structure formelle et, du même coup, la phénoménologie à son domaine d'expérience originaire*, au pur apparaître, Husserl qui à sa manière conjugue ici être et devenir, peut conclure en soulignant le verbe *être* que « le flux de la conscience immanente constitutive du temps non seulement *est*, mais, de manière remarquable et néanmoins intelligible, est tel que le flux apparaît nécessairement lui-même à lui-même (*Selbst-erscheinung*) et, par conséquent, que le flux lui-même doit nécessairement pouvoir être saisi en son fluer. L'apparition du flux à lui-même ne requiert pas un second flux mais, en tant que phénomène, il se constitue lui-même en lui-même. Le constituant et le constitué se recouvrent et pourtant ils ne peuvent naturellement pas se recouvrir à tous égards. Les phases du flux de conscience dans lesquelles des phases de ce même flux de conscience se constituent phénoménalement ne peuvent être identiques à ces phases constituées, et ne le sont pas non plus. Ce qui, dans l'actualité momentanée du flux de conscience vient à apparaître, ce sont, dans la suite des moments rétentionnels de celui-ci, les phases passées du flux de conscience » [1].

§ 4. *Protention, évidement, remplissement.*

Si, comme n'ont cessé de le montrer les analyses précédentes, l'unité de la conscience embrassant présent *et* passé, impression *et* rétention, n'est pas un *datum* phénoménologique parmi d'autres mais celui qui ouvre la phénoménologie elle-même puisque la modification rétentionnelle n'est pas seulement la structure formelle du flux et son mode propre d'unification ou d'auto-constitution mais encore la source de l'intentionnalité, qu'en est-il de la conscience embrassant présent *et* futur qui, jusques ici, n'a pas été thématiquement décrite ? Dire que « toute perception a son halo rétentionnel et protentionnel », que « toute sensation a ses

---

1. *Vorlesungen zur Phänomenologie des inneren Zeitbewußtseins,* § 39, *op. cit.*, p. 83.

intentions qui conduisent du maintenant à un nouveau maintenant, etc. : l'intention vers le futur et, de l'autre côté, l'intention vers le passé »[1], est une chose, décrire la protention originaire, le mode de donnée du futur en tant que futur en est une autre.

Initialement, les *Leçons* de 1905 n'en traitaient pas. L'unique paragraphe 24 où il en est thématiquement question a été écrit en 1917 pour compléter le texte élaboré par E. Stein.[2] Après avoir distingué la conscience originaire du passé (le souvenir primaire ou rétention) de sa conscience reproductive (le ressouvenir (*Wiedererinnerung*) ou souvenir secondaire), et opposé la simple imagination (*Phantasie*) d'un objet-de-temps où le maintenant reproduit n'est pas posé ou daté, au ressouvenir d'un tel objet qui, posant ce qui est reproduit, « lui donne par cette position une situation relative au maintenant actuel et à la sphère du champ temporel originaire auquel le ressouvenir lui-même appartient »[3], après avoir fait cela Husserl dégage la double intentionnalité des re-présentations

---

1. *Ibid.*, *Beilage* III, *op. cit.*, p. 105.

2. *Cf.* « Textkritischer Anhang », *op. cit.*, p. 422 et *Zur Phänomenologie des inneren Zeitbewußtseins*, hgg. R. Bernet, p. 57 note 1. C'est en 1917 que Husserl reprit ces « recherches plus poussées sur la conscience du temps » qu'évoque Heidegger dans la remarque préliminaire à l'édition des *Leçons pour une phénoménologie de la conscience intime du temps* ; *cf.* « Vorbemerkung des Herausgebers », in *Zur Phänomenologie des inneren Zeitbewußtseins* (1893-1917), Husserliana, Bd. X, p. xxv. Il s'agit des manuscrits de Bernau.

3. *Ibid.*, § 23, p. 51.

(*Vergegenwärtigungen*). La re-présentation est
en effet re-présentation *d'*un objet re-présenté *et*
re-présentation présente *de* la présentation originaire
passée *de* cet objet. « En toute re-présentation,
il faut différencier la reproduction de la conscience
en laquelle était donné c'est-à-dire perçu ou en
général originairement constitué, l'objet-durant
passé, et ce qui attache à cette reproduction, en
tant que constitutif pour la conscience, [les déter-
minations] "passé" ou "présent" (simultané du
maintenant actuel) ou "futur" » [1]. Comment ces deux
intentionnalités s'articulent-elles? Formellement,
la seconde est « une réplique » de la première « qui
constitue le temps » car, « de même qu'en chacun
de ses éléments, elle reproduit un moment d'un flux
de présentation et, dans son ensemble, l'ensemble
d'un flux de présentation, de même elle donne lieu
à une conscience reproductive d'un objet immanent
re-présenté » [2].

Si la double intentionnalité de la re-présentation
rend compte de la relation à un passé autre que
celui, immédiatement intuitif, de la rétention, elle
laisse encore ressortir que « tout souvenir contient
des intentions d'attente dont le remplissement
conduit au présent » [3]. En effet, lorsque nous nous
souvenons d'une mélodie antérieurement perçue et

1. *Vorlesungen zur Phänomenologie des inneren Zeitbewußtseins*,
§ 25, *op. cit.*, p. 54.
2. *Ibid.*, § 23, p. 52.
3. *Ibid.*, § 24, p. 52.

en reproduisons le processus constitutif originaire, « souvent aussi, à l'occasion d'un vécu de mélodies connues ou qui, par exemple, se répètent, nous avons des *attentes intuitives*. Tout nouveau son remplit alors l'intention dirigée vers l'avant. Nous avons en l'occurrence des attentes *déterminées*. Nous ne sommes ni ne saurions être totalement dépourvu d'appréhension dirigée vers l'avant. *Le halo temporel a aussi un avenir* »[1].

De cette description, Husserl tire la conclusion suivante : « Tout processus originairement consti-tuant est animé de protentions qui constituent à vide l'advenant en tant que tel et le saisissent, le remplissent. Mais : le processus de remémoration ne renouvelle pas seulement et conformément au souvenir, ces protentions. Elles n'étaient pas seulement là, saisissantes, elles *ont* aussi saisi, se sont remplies, et nous en sommes conscient dans le ressouvenir. Le remplissement dans la conscience ressouvenante est re-remplissement (dans la modifi-cation de position-de-souvenir justement), et tandis que la protention originaire de la perception d'un événement était indéterminée et laissait ouvert l'être-autre ou le non-être, nous avons dans le ressouvenir une attente pro-dirigée qui ne laisse pas

---

1. « Die Evidenz des Zeitbewußtseins », n° 12, *op. cit.*, p. 167. Cf. *Vorlesungen zur Phänomenologie des inneren Zeitbewußtseins, Beilage* VI, *op. cit.*, p. 114, où, à propos de la forme du flux, il est dit que « la forme consiste en ceci qu'un maintenant se constitue par une impression et qu'à celle-ci s'articule une queue de rétentions et un horizon de protentions ».

tout cela ouvert, fût-ce sous la forme du ressouvenir "incomplet" qui a une autre structure que la protention originaire indéterminée. Et pourtant celle-ci aussi est incluse dans le ressouvenir » [1].

Portant sur tout processus constitutif originaire en général, cette conclusion est-elle fondée? Le ressouvenir implique peut-être des protentions *originaires* indéterminées mais, à défaut d'une description du mode de donnée qui leur est propre, c'est-à-dire *indépendant* du ressouvenir, cette affirmation n'est pas intuitivement justifiée. Comment en effet distinguer entre les protentions originaires indéterminées et celles, déterminées, qu'offre *médiatement* le ressouvenir d'une mélodie *déjà connue* dès l'instant où – c'est le titre du paragraphe ajouté en 1917 – ne sont examinées que *les protentions dans le ressouvenir*? Et si les protentions originaires indéterminées ne sont pas originairement accessibles ou, pour le dire autrement, si la protention n'est pas conscience originairement donatrice, intuitive, de l'avenir au sens où la rétention l'est du passé, quelle peut être l'assise descriptive de la thèse selon laquelle tout processus constitutif originaire est animé de protentions elles-mêmes originaires?

Poser cette question, n'est-ce pas présupposer que protentions originaires et rétentions originaires sont, relativement au maintenant, symétriques

---

1. *Vorlesungen zur Phänomenologie des inneren Zeitbewußtseins*, § 24, *op. cit.*, p. 52-53.

les unes des autres et qu'elles « co-appartiennent essentiellement aux présentations originaires »[1]? Mais si, à la différence de la rétention, la protention laisse ouvert l'être-autre et le non-être, ne convient-il pas de « rechercher si souvenir et attente sont à mettre sur le même plan »[2]? Me souvenant d'une mélodie ou d'un « événement »[3], dit Husserl qui, renonçant à parler d'objet-de-temps pour mieux dissocier intentionnalité et objectivité en faisant de tout phénomène originaire un événement, « le souvenir intuitif m'offre la reproduction vivante de la durée en train de s'écouler » tandis que les intentions qui renvoient à ce qui précède le maintenant vivant ou qui l'anticipent, demeurent quant à elle dépourvues

1. *Ibid.*, § 43, p. 93.
2. *Ibid.*, § 26, p. 55.
3. *Cf.* « Das Ineinander von Retention und Protention im ursprünglichen Zeitbewusstsein. Urpräsentation und Bewusstsein der Neuheit », n° 1, in *Die Bernauer Manuskripte über das Zeitbewusstsein (1917-1918)*, Husserliana, Bd. XXXIII, p. 5 : « ... le déroulement d'un événement, par ex. d'une mélodie... » À la même époque, après avoir noté que l'objet-temporel (*Zeitgegenstand*) « n'est pas seulement en son temps mais "il advient (*er ereignet sich*)" présentement ou est advenu ou se tient en vue possible : il n'est pas encore advenu, il adviendra », Husserl conclut : « "Événement (*Ereignis*)" est donc un concept subjectif de donnée », *in* « Zur Frage der Zeitlichkeit und Wahrnehmbarkeit des letztkonstituierenden Urprozesses », n° 10, *op. cit.*, p. 182. Au regard de la priorité de la constitution des objets immanents au sein du flux absolu qui, une fois encore, vaut phénoménologie de la phénoménologie, cela revient à dire que l'analyse constitutive tient finalement tout objet pour un événement et que celui-ci n'est nullement incompatible avec celui-là. Aussi, opposer événement et objet, revient-il à méconnaître la dimension constitutive de la phénoménologie husserlienne, bref cette dernière elle-même.

d'intuition, en un mot : vides. Inversement, dans l'attente intuitive d'un événement, « j'ai maintenant intuitivement "l'image" reproductive d'un processus qui s'écoule reproductivement. Il s'y noue des intentions de futur et des intentions de passé indéterminées, c'est-à-dire des intentions qui, dès le commencement du processus concernent l'entour du temps qui se termine dans le maintenant vivant. En ce sens, l'intuition de l'attente est une intuition de souvenir retournée car, en celle-ci, les intentions de maintenant ne viennent pas "avant" le processus mais le suivent. Comme intentions vides de l'entour, elles se trouvent "dans la direction opposée" »[1].

Si rétention et protention appartiennent au même plan, si la seconde est le retournement de la première, ne faut-il pas qu'à l'instar de la rétention originairement donatrice du passé, la protention soit non seulement originairement, c'est-à-dire *immédiatement*, donatrice de l'avenir mais encore qu'elle soit *elle-même* originairement donnée comme l'est la rétention ? Sans cela comment pourrait-on tenir l'intuition d'attente pour le *retournement* d'une intuition de souvenir ? Qu'en est-il alors des modes de donnée du souvenir et de l'attente en tant que processus de sens contraires, et « cela fait-il une différence essentielle que, dans le souvenir, la teneur du processus soit déterminée ? »[2]

---

1. *Ibid.*, p. 55-56. Selon l'édition de 1928, ultérieurement corrigée d'après le manuscrit, « l'image » était « productive » et non « reproductive » ; *cf.* « Textkritischer Anhang », *op. cit.*, p. 423.
2. *Ibid.*, p. 56.

Après avoir remarqué qu'un souvenir peut être intuitif sans être très déterminé dès lors que tous ses composants intuitifs n'ont pas « un caractère effectif de souvenir », Husserl poursuit : « certes, dans un souvenir "parfait", tout serait clair jusque dans le détail et caractérisé en tant que souvenir. Mais *idealiter* cela est aussi possible dans l'attente. Elle laisse en général nombre de choses ouvertes et le demeurer-ouvert est à nouveau un caractère des composants concernés. Toutefois, une conscience prophétique (une conscience qui se donne elle-même pour prophétique) est par principe pensable qui a devant les yeux chaque caractère du devenant-être : ainsi lorsque nous avons un plan précisément déterminé et que, représentant intuitivement le planifié, nous le saisissons entièrement comme effectivité à venir. Mais là aussi, il y aura dans l'anticipation intuitive de l'avenir nombre de choses anodines qui comblent comme bouche-trous l'image concrète et qui, à maints égards, peuvent être autre que ce qu'offre l'image : d'entrée, ils sont caractérisés comme ouverts » [1].

---

1. *Ibid.* Guidé par l'analyse augustinienne du temps, Husserl fait ici tacitement référence au passage suivant des *Confessions* (XI, XIX, 25) : « Ainsi donc, toi, souverain de ta création, comment enseignes-tu aux âmes les choses futures – car tu l'as enseigné à tes prophètes ? Quelle est la manière dont tu enseignes les choses futures, toi pour qui rien n'est futur ? Ou plutôt, dont tu enseignes la présence des choses futures puisque, de fait, on ne peut enseigner ce qui n'est pas ? » ; cf. *Vorlesungen zur Phänomenologie des inneren Zeitbewußtseins, Einleitung, op. cit.*, p. 3.

Pour parallèles et de sens contraire que soient les intentions visant le passé ou le futur, elles n'en diffèrent donc pas moins par leurs modes respectifs de remplissement. Les premières se remplissent par « l'enchaînement de reproductions intuitives »[1] jusqu'au maintenant présent ou à partir de lui alors que ce n'est pas dans une reproduction mais dans une perception que les secondes trouvent leur remplissement. « Il appartient à l'essence de l'attendu d'être quelque chose qui va être perçu. Il est en outre évident que, lorsqu'un attendu a lieu, est devenu un présent, l'attente elle-même est passée; si l'avenir est devenu présent, alors le présent est devenu le passé qui lui est relatif. Il en va de même des intentions d'entour. Elles aussi se remplissent par l'actualité d'un vivre impressionnel. » Et Husserl conclut : « Indépendamment de ces différences, l'intuition d'attente est tout aussi originaire et spécifique que l'intuition du passé »[2].

À nouveau, peut-on tirer cette conclusion? Il est permis d'en douter car si la rétention est originairement et immédiatement donatrice du passé, en est la perception, rien n'assure encore qu'il y a une protention originairement donatrice du futur puisque, jusques ici, c'est toujours par la médiation d'une rétrospection, au sein du passé, que l'avenir a été donné de telle sorte que, pour le

---

1. *Vorlesungen zur Phänomenologie des inneren Zeitbewußtseins, Einleitung, op. cit.*, p. 3.
2. *Ibid.*, p. 56-57.

dire grammaticalement, le futur n'est jamais qu'un conditionnel présent. Si la conscience d'avenir suppose celle du passé, n'est pas immédiate mais médiate, ne doit-on pas tenir l'intuition d'attente pour moins originaire que celle du passé dès lors qu'elle en dérive par son mode de donnée? Et si l'attendu est essentiellement destiné à être perçu, la conscience d'avenir ne sera-t-elle pas toujours celle d'un avenir voué à ne plus l'être, déjà révolu ou résolu en un présent seul susceptible d'être perçu puisque toute perception ou toute intuition, sensible ou éidétique, est une présentation[1]? Quel sens peut alors avoir l'affirmation selon laquelle « nous ne sommes ni ne saurions être totalement dépourvu d'appréhension dirigée en avant »[2], et la phénoménologie de la conscience intime du temps ne rencontre-t-elle pas ici une limite descriptive?

Si, d'une manière ou d'une autre, Husserl n'avait pas fait siennes ces questions, il ne serait pas longuement revenu, à partir de 1917, dans les manuscrits de Bernau, sur la protention. Mais comment examiner celle-ci sans repartir du

---

1. Cf. *Logische Untersuchungen*, VI, § 37, Husserliana, Bd. XIX/2, p. 646 : « Au contraire de la simple re-présentation de l'imagination, le caractère intentionnel de la perception est la présentation (le présenter) ». C'est à cette détermination temporelle de la conscience intentionnelle que renvoie Heidegger lorsqu'il prévoit de montrer que cette dernière se fonde dans la transcendance ekstatique du *Dasein* ; cf. *Sein und Zeit*, § 69, *b*, p. 363, note 1.

2. « Die Evidenz des Zeitbewußtseins », n° 12, in *Zur Phänomenologie des inneren Zeitbewußtseins* (1893-1917), Husserliana, Bd. X, p. 167, déjà cité.

maintenant lui-même? «Le maintenant (ou la présentation originaire) est, dit Husserl, le point limite de deux sortes d'actes "re-présentants", les rétentions et les protentions»[1]. Certes, mais d'une part rétention et protention ne sont pas véritablement des actes re-présentants et, de l'autre, toute limite relève autant du limité que du limitant. Partant, si la rétention appartient à l'impression comme une queue de comète à son noyau, sur quel mode la protention y ressortit-elle?

Percevoir une mélodie, ce n'est pas seulement percevoir maintenant un son ni retenir maintenant ceux qui l'ont précédé, c'est aussi attendre maintenant ceux qui suivront. La perception d'un objet-de-temps ou d'un événement doit donc être traversée par une intentionnalité d'attente, dirigée en avant, de sorte que toute nouvelle présentation originaire en soit l'attendu. Mais comment est-ce possible sinon au titre du «remplissement» de cette même intention d'attente?

Qu'entendre par là? Une intention est remplie lorsque ce qu'elle vise ou signifie est proprement intuitionné, c'est-à-dire directement présenté, perçu. Remplir, c'est présenter et, à l'inverse, évider c'est

<hr/>

1. «Das Ineinander von Retention und Protention im ursprünglichen Zeitbewusstsein. Urpräsentation und Bewusstsein der Neuheit», in *Die Bernauer Manuskripte über das Zeitbewusstsein (1917-1918)*, Husserliana, Bd. XXXIII, p. 4. Dans ces manuscrits, cessant d'assimiler le maintenant à un point, Husserl parle plutôt de *présentation originaire* que de *maintenant*, celle-là désignant le mode de donnée de celui-ci.

dé-présenter. « En tout remplissement, écrit Husserl dans la sixième des *Recherches logiques*, a lieu un *rendre-intuitif* plus ou moins parfait. Certes, ce que vise l'intention mais qu'elle rend représentable (*vorstellig macht*) de façon plus ou moins impropre ou inadéquate, cela le remplissement, c'est-à-dire l'acte épousant la synthèse du remplissement et offrant à l'intention sa "plénitude", le pose *directement* devant nous (*stellt* direkt *vor uns*) ou, du moins, de manière plus directe que ne le fait l'intention ». Et plus nettement encore : « l'acte remplissant implique un *privilège* qui manque à la pure et simple intention, à savoir de lui *conférer la plénitude du "soi-même", de la rapprocher plus directement au moins de la chose même* » [1].

Dans la sixième *Recherche* toujours, à propos des intentions qui exigent un remplissement, Husserl évoquait déjà la mélodie. « Quand par exemple résonne le commencement d'une mélodie connue, il suscite des intentions déterminées qui trouvent leur remplissement dans l'arrangement progressif de la mélodie. Et si elle nous est inconnue, quelque chose de semblable a également lieu » [2]. Après avoir expliqué que, de manière générale, l'indétermination d'une intention au regard de ce qu'elle vise n'exclut pas tout

---

1. *Logische Untersuchungen*, VI, § 16, Husserliana, Bd. XIX/2, p. 597 et p. 598 où il est souligné que « *le but de la connaissance absolue est l'auto-présentation* (Selbstdarstellung) *adéquate de l'objet de connaissance* ».

2. *Ibid.*, § 10, p. 572.

remplissement puisque cette indétermination est en tant que telle une détermination de ladite intention à laquelle correspond alors « un certain champ de remplissement possible »[1], Husserl revient à la perception de la mélodie, exemple où « nous avons simultanément affaire à un rapport de *l'attente* et du *remplissement de l'attente*. Mais, ajoute-t-il, il serait manifestement incorrect d'interpréter du même coup et à l'inverse, toute relation d'une intention à son remplissement comme relation d'attente. *Intention n'est pas attente*, il ne lui est pas essentiel d'être dirigée vers une future apparition »[2].

Examinons le mode sur lequel le maintenant ou la présentation originaire s'accomplit comme remplissement d'une attente à laquelle, par ce remplissement même, il offre accès. Percevoir une mélodie, c'est en retenir le passé *et* en attendre la suite, bref « saisir de la meilleure manière l'intention d'avenir vide et plus ou moins déterminée, en tout cas déterminable, au moment du remplissement »[3]. Celui-ci étant toujours *relatif* à une intention, il ne va pas sans une « intentionnalité pro-dirigée »[4] ou protention vide en vertu de laquelle il peut se donner comme *son* remplissement. « Dans le flux

---

1. *Logische Untersuchungen*, VI, § 10, *op. cit.*, p. 573.
2. *Ibid.*
3. « Das Ineinander von Retention und Protention im ursprünglichen Zeitbewusstsein. Urpräsentation und Bewusstsein der Neuheit », n° 1, in *Die Bernauer Manuskripte über das Zeitbewusstsein (1917-1918)*, Husserliana, Bd. XXXIII, p. 4.
4. *Ibid.*, p. 7.

de la perception, il n'y a donc pas de point qui n'ait son intentionnalité, et surtout la présentation originaire n'y est jamais la simple entrée en scène de présences originaires recevant l'intentionnalité après-coup mais leur constante entrée en scène sur le mode du remplissement d'intentions d'attente ». Qu'implique cette « entrée en scène » sinon que la plénitude vient répondre à la forme de l'intention « qui ainsi saisit intuitivement »[1], en un mot : perçoit. À proprement parler, on ne peut donc dire qu'un vécu originairement présentant succède à un vécu d'attente vide qui en serait distinct car la perception ne saurait être un vécu originairement présentant si ne surgissaient pas, dans le flux, des présences originaires venant remplir l'intention vide qui les précède ou anticipe.

Dès lors que tout remplissement est un rendre-intuitif et une présentation incarnée de la chose même, en retour toute présentation originaire est un contenu remplissant. Cette nouvelle détermination du maintenant comme remplissement d'une attente signifie qu'une intentionnalité dirigée vers l'avenir opère au cours de la perception d'un objet-de-temps et ce, si chaque vécu est un tel objet, tout au long du flux constitutif du temps et selon sa direction. *Au sein du maintenant*, l'intentionnalité pro-dirigée n'est-elle pas alors, le mode d'accomplissement de l'intentionnalité longitudinale ? En effet, si chaque maintenant est l'entrée en scène d'un nouveau

1. *Ibid.*, p. 4-5.

datum de sensation *et* le remplissement d'une intention qui le précède, alors toute « présentation originaire est attente remplie » et « toute présence originaire n'est pas seulement contenu mais contenu "appréhendé" » [1].

Loin d'être purement ponctuelle, la présentation originaire est donc intentionnelle et cette intentionnalité qui s'accomplit comme rétention d'une protention signifie que *toute présentation originaire est en tant que telle, dans son absolue singularité, non seulement rapport à celles qui la précèdent mais encore à celles qui la suivent ou que ce qui est entre les maintenants appartient à l'essence même du maintenant en lui-même ainsi étiré.* « Le remplissement enferme en soi une rétention de l'intention qui a précédé » [2], écrit Husserl qui, ayant affirmé que tout vécu, y compris un vécu originairement donateur, est originairement donné et donc conscient, explicite ainsi le sens de cette conscience : « Pour un vécu au sens habituel, cela veut dire qu'il est conscient dans le procès originaire constitutif du temps et, après avoir distingué au sein de ce procès entre phases originaires en tant que conscience originaire et en tant que conscience non-originaire, nous parvenons à ce qui est dernier : toute phase momentanée

---

1. « Das Ineinander von Retention und Protention im ursprünglichen Zeitbewusstsein … », n° 1, *op. cit.*, p. 7.

2. « Die Komplexion von Retention und Protention », n° 2, *op. cit.*, p. 25.

du procès est un *continuum* d'une phase qui est originairement consciente et elle-même conscience originaire de ses objets, et des phases ultérieures qui sont originairement conscientes mais qui, quant à elles, ne sont pas conscience originaire de leur objectif (*Gegenständlichen*) (des phases de passé de l'objet temporel) »[1]. Nulle phase, nul maintenant, n'est isolé sauf par abstraction, et tout point du flux ayant son intentionnalité, la présentation originaire, au sens *é-tendu* que lui confère Husserl, assure *en elle-même et d'elle-même* l'unité du flux *temporel*, est comme spontanément constituante. C'est pourquoi elle est un mode d'accomplissement de l'intentionnalité longitudinale hors laquelle il n'est pas d'intentionnalité puisque toute identité repose sur l'unité du flux, d'autant que, visant un nouveau donné de sensation, la protention en vise *ipso facto* la rétention, les rétentions de rétentions qui viendront, bref l'avenir rétentionnel de ce même donné[2]. À ce titre, la ré-gression du passé est aussi pro-gression.

De ce qui précède, il ressort d'abord que *le maintenant est compris depuis le flux et non celui-ci depuis celui-là*, il ressort ensuite que le procès

1. « Inhalt und Auffassung in Urpräsentation, Retention und Protention », n° 11, *op. cit.*, p. 223.
2. *Cf.* « Akte als Gegenstände in der "phänomenologischen Zeit" », n° 6, *op. cit.*, p. 111 : « Une unité de conscience traverse de part en part tout le flux concret avec ses lignes de flux de remplissement et d'évidement en tant qu'unité de recouvrement englobant, identifiant et ainsi objectivant... »

originaire de la conscience est de part en part intentionnel « alors même que nous n'appréhendons pas en tout sens tout être-vécu comme conscience-de »[1]. Mais comment rétention et protention s'articulent-elles au sein de ce procès originaire et quels sont leurs rôles respectifs dans la constitution du temps phénoménologique?

Si présentation originaire est attente remplie, « tout nouveau point du procès trouve déjà des horizons protentionnels dans lesquels il est reçu »[2]. *Déjà*, quel sens prend cet adverbe et signifie-t-il une priorité de la protention sur la présentation? Sur quel mode la protention s'accomplit-elle? L'attente à l'œuvre dans la perception d'un objet-de-temps, d'un événement, ne porte pas sur le seul maintenant qui la suit mais « sur l'événement qui vient, sur l'advenance de l'événement, elle a un horizon d'événement fluant, une extension variable. Cela implique que l'intentionnalité y est continûment dirigée médiatement sur tout ce qui est distinguable de manière idéelle dans l'advenant »[3]. Passant de phase en phase, la protention est *et* n'est pas remplie. Elle est remplie par l'arrivée du nouveau maintenant, elle n'est pas remplie car seule l'est une de ses phases. « Dans la conscience qui a reçu le nouveau *datum* de présence originaire

1. « Das Ineinander von Retention und Protention im ursprünglichen Zeitbewusstsein … », n° 1, *op. cit.*, p. 7.
2. *Ibid.*, p. 6.
3. *Ibid.*, p. 8.

(hylétique), une nouvelle attente n'entre donc pas en scène mais c'est la même et unique attente qui se poursuit avec sa continuité intentionnelle, à ceci près que, dans la progression, elle a rempli un point vide de l'intention »[1]. Ou plus précisément : « Quant à sa forme, la protention est bien, en toute phase du procès originaire, remplissement d'une protention et, faisant un avec lui, elle-même protention (qui ne perd pas son caractère essentiel en tant que protention elle-même au lieu de son remplissement) »[2].

Il en va de la protention comme de la rétention : la seconde est évidement d'une impression *et* impression remplissante, la première est remplie par une impression *et* vide d'une autre impression, raison pour laquelle toute présentation originaire s'inscrit *déjà* dans un horizon protentionnel, horizon qui n'est pas premier puisque seule la rétention y donne accès. Dans le cas de cette dernière, l'intention vise l'impression originaire passée et les rétentions qui en sont solidaires, dans le cas de la protention, par delà chaque phase, l'intention demeure non-remplie et trouve en chaque phase un nouveau remplissement. Par conséquent « le *continuum* des actes protentionnels est, en chaque phase même,

1. *Ibid.*, p. 9. *Cf.* « Die Komplexion von Retention und Protention », n° 2, *op. cit.*, p. 23 : « la conscience protentionnelle n'est pas une conscience momentanée mais continue, dirigée à chaque moment et de la même façon sur ce qui viendra en scène à l'avenir, tout comme il en va, du côté rétentionnel, pour sa partie complémentaire ».

2. *Ibid.*, p. 12.

un *continuum*, à savoir un point de protention y
est rempli et pour le reste protention vide »[1]. Et
si toute rétention implique intentionnellement
celles qui la précèdent, toute protention implique
intentionnellement celles qui la suivent. Husserl ne
dit rien d'autre lorsqu'il reconduit le procès originaire
au remplissement protentionnel *et* à l'évidement
rétentionnel : « les protentions postérieures sont
remplissement des antérieures, chaque antérieure
se remplit dans la progression. Les rétentions
antérieures sont, en un autre sens, remplissement
des postérieures (un passage de remplissement
est ici impossible, il n'est possible que pour les
protentions), elles sont des actes de même sens mais
avec une plénitude plus forte et plus riche. Toute
rétention postérieure "s'évide" dans la progression.
Des deux côtés nous avons une intentionnalité
médiate et à toute intentionnalité médiate appartient
la double "direction" de l'intentionnalité, sur l'objet
primaire et sur l'objet secondaire, c'est-à-dire sur
les "actes" et les objets primaires dans le comment
de leurs modes de donnée »[2].

La temporalisation est remplissement protentionnel *et* évidement rétentionnel ou plutôt
évidement rétentionnel *et* remplissement protentionnel, et c'est pourquoi, en 1917-1918, dans les
manuscrits de Bernau et à la différence des *Leçons*

---

1. « Das Ineinander von Retention und Protention im ursprünglichen Zeitbewusstsein », n° 1, *op. cit.*, p. 9.
2. *Ibid.*, p. 10.

de 1905, l'originaire ne réside plus dans la seule impression et sa queue de comète rétentionnelle mais dans un procès concret dont elle est un moment. Présentations, rétentions, protentions ne vont pas concrètement les unes sans les autres, l'origine est originairement différenciée-différenciante et l'absence appartient à la présence comme la présence à l'absence. Le présent est certes "vivant" mais d'une vie qui, pour le dire de manière détournée et par voie d'emprunt, porte la mort et se maintient dans cette mort même qui est sa propre vie [1]. Il est donc impossible de reconduire le temps phénoménologique à une présence pleine, constante, définitivement saturée [2], et « la conscience présentante originaire, prise concrètement, est en tout lieu une conscience différante (*differentes*), fût-ce même au cas où les *data* sensibles originairement présents, remplissants, seraient entièrement identiques comme dans le cas limite d'un événement

1. *Cf.* « Zur Phänomenologie der Abklangsphänomene », n° 4, *op. cit.*, p. 69 : « Conscience est vivre et, en ses pulsations vitales particulières, tout vivre est vivre dans le passer [*Verleben* : vivre dans le finir de vivre], dans le disparaître continu du vivre, et tout vivre concret du flux de vie est une unité de pulsations de vie toujours nouvelles qui, de leur côté, "entrent en scène" et "passent", s'évanouissent ».

2. La « saturation (*Sattheit*) » signifie l'être-rempli en tant qu'il caractérise la conscience intuitive originaire ; *cf.* « Die Komplexion von Retention und Protention », n° 2, *op. cit.*, p. 39 ; *cf.* aussi p. 40 : « la conscience de saturation » est « la conscience du "soi-même là" incarné, de l'avoir "immédiat", la conscience dont "l'objet" conscient a ce mode de donnée qui a été précisément désigné comme "présent vivant"... ». En ce sens, saturation et intuitivité sont congruentes – le principe des principes énoncé au § 24 des *Ideen I* ne dit pas autre chose.

où persiste sans nul changement quelque chose
d'objectif tel un son qui dure simplement totalement
inchangé » [1].

§ 5. *De l'analyse intentionnelle à l'analytique existentiale.*

Au cours des analyses précédentes, la protention
ou l'attente a toujours été tenue pour partiellement
déterminée. À l'écoute d'une mélodie, la même et
unique attente se poursuit car l'attendu y a toujours
la même teneur intentionnelle que le déjà-perçu :

1. « Das Ineinander von Retention und Protention im
ursprünglichen Zeitbewusstsein. Urpräsentation und Bewusstsein der
Neuheit », n° 1, *op. cit.*, p. 12. *Differentes* n'est pas un mot allemand
mais une forme du participe présent du verbe latin *differo*. Nous le
traduisons par *différant*. Cette traduction est corroborée par l'usage
que fait Husserl du terme mathématique *Differenzial* lorsqu'il dit
par exemple « qu'un point de présence originaire s'ajointe comme
différentiel originaire », *op. cit.*, p. 15. Il convient de rappeler ici
qu'à propos du maintenant et du présent, Hegel fait usage du même
adjectif. « Le présent, écrit-il, n'est que la simple limite se niant elle-
même qui, dans la séparation de ses moments négatifs, est un rapport
de son [action d']exclusion à ce qui l'exclut [elle-même]. Ce rapport
est [le] présent comme un rapport différent (*differente Beziehung*)
dans lequel les deux se sont conservés ». Traduisant et commentant
ce texte, Koyré note que « le terme "différent" est pris ici dans un
sens actif » ou encore qu'on pourrait rendre *differente Beziehung* par
« rapport différenciant » ; *cf.* Hegel, *Jenaer Systemenwürfe II, Logik,
Metaphysik, Naturphilosophie*, hgg. R.-P. Horstmann, Philosophische
Bibliothek, p. 208 et Koyré, « Hegel à Iéna », in *Etudes d'histoire de
la pensée philosophique*, Paris, 1961, p. 155 et p. 154. Introduisant
la « différance », J. Derrida fait appel à cette étude en précisant que
« différance » peut traduire *differente Beziehung* ; *cf.* « La différance »,
in *Marges de la philosophie*, p. 14 *sq.*

j'entends un son, un autre, etc. Mais si toute nouvelle phase d'un objet-de-temps ou événement vient s'inscrire dans un horizon protentionnel, y est reçu « à bras ouverts »[1], qu'en est-il de sa phase initiale lorsqu'elle est inattendue? Quand soudainement résonnent les premières notes d'une mélodie, elles frappent l'attention. Se tournant aussitôt vers celles-là, celle-ci se tourne vers une présentation originaire déjà modifiée et passée en rétention à défaut de laquelle la présentation originaire demeure inaccessible en sa nouveauté. Par conséquent et de manière générale, « nous n'avons aucun commencement de *data* originaires s'écoulant et changeant sur un mode simplement rétentionnel ni venant après derrière des protentions et rétentions de protentions. Mais, à titre de commencement, nous n'avons qu'un commencement de la considération, nous nous tenons sans cesse au milieu d'un procès infini et en extrayons une phase qui est une double branche d'intentionnalités où le *datum* originaire se distingue seulement comme moment de l'intentionnalité »[2].

---

1. *Cf.* « Das Ineinander von Retention und Protention im ursprünglichen Zeitbewusstsein. Urpräsentation und Bewusstsein der Neuheit », n° 1, *op. cit.*, p. 6 : « Être tourné vers l'objet de la perception, c'est recevoir à bras ouverts ce qui approche, le reçu, c'est-à-dire saisir le mieux possible l'intention d'avenir vide et plus ou moins déterminée, en tout cas déterminable, au moment du remplissement ».

2. « Die Komplexion von Retention und Protention », n° 2, *op. cit.*, p. 28.

Qu'est-ce à dire sinon que tout commencement advient au sein d'un flux qui n'a jamais commencé, sinon que le remplissement de la protention doit toujours pouvoir être reçu dans le vide qui lui est propre, prendre place dans l'empan des bras qui lui sont ouverts, et par conséquent que la protention ne saurait être absolument indéterminée ni viser un im-pré-visible. Husserl n'a évidemment pas manqué de le dire. Après avoir examiné le cas de ce qu'il nomme pro-souvenir où l'attendu est plus ou moins déterminé pour avoir été, d'une manière ou d'une autre, déjà donné et ainsi retrouvé plutôt qu'attendu, il en vient au cas des événements qui ne sont pas prédéterminés. « La protention qui traverse de part en part le procès originaire, écrit-il, n'est pas un remplissement tel que celui du pro-souvenir (reproduction) portant sur l'ensemble du procès ou sur ses événements temporels. Elle croît originairement. Nous pouvons tenir pour loi originaire de la genèse nécessaire la proposition : dès lors qu'est écoulé un fragment de la suite originaire des *data* hylétiques (et après, de tous les autres vécus originaires), un enchaînement rétentionnel doit se former mais pas seulement cela – Hume l'a déjà vu. La conscience demeure sur sa voie et anticipe la suite, à savoir une protention se "dirige" selon le même style sur la poursuite de la série, et telle est la protention au regard du cours des données originaires qui fonctionnent comme données nucléaires, et de même au regard du cours des rétentions avec leurs esquisses qui y fonctionnent.

Un différentiel du cours rétentionnellement accroché modifie la protention qui maintenant l'accompagne sans cesse et qui doit être elle-même incluse de manière anticipante dans la marche ultérieure de la protention. Par là se constitue toutefois l'événement et continûment avec un horizon ouvert d'événement qui est lui-même un horizon protentionnel » [1].

Sur quel mode la protention advient-elle originairement? Une fois encore, tout commence avec la rétention qui n'est pas un commencement. Mais si tout commencement appelle une suite, la conscience rétentionnelle *du* commencement, entraîne nécessairement en vertu de la loi de modification rétentionnelle celle de *sa* suite à venir, celle de *son* itération différenciante. Par essence toute rétention *sera* rétention de rétention, etc. Elle implique que « l'héritage du passé » [2] ne cesse d'advenir et ne va pas sans protention. Il ne s'agit pas, comme chez Hume, d'un transfert du passé dans le futur (ou pro-souvenir) mais de la structure du procès originaire [3]. Demeurant sur sa voie, celle de

1. « Das Ineinander von Retention und Protention im ursprünglichen Zeitbewusstsein. Urpräsentation und Bewusstsein der Neuheit », n° 1, *op. cit.*, p. 13.

2. *Vorlesungen zur Phänomenologie des inneren Zeitbewußtseins*, § 11, in *Zur Phänomenologie des inneren Zeitbewußtseins* (1893-1917), Husserliana, Bd. X, p. 29-30, déjà cité.

3. Faisant reposer la relation de causalité sur la coutume, c'est-à-dire sur le passé, Hume observe que « la supposition que *l'avenir ressemble au passé* n'est fondée sur aucune sorte d'arguments mais est entièrement dérivée de l'habitude par où nous sommes déterminés à attendre du futur la même suite d'objets que celle à laquelle nous avons été accoutumés. Cette habitude ou détermination à transférer le

la rétention, la conscience anticipe après-coup et en
retour, les maintenants ou présentations originaires
dont toute rétention à venir comme rétention de
rétention est solidaire puisque toute rétention est
toujours aussi une impression. « Toutefois, selon
une loi nécessaire, il n'y a pas que la rétention qui
s'exerce après l'écoulement d'un "différentiel" mais
la protention qui se dirige sur l'advenant, dont le
contenu est déterminé de la manière la plus générale
(si un son a commencé à retentir, il est alors un son à
venir quand bien même le mode suivant des rapports
d'intensité et de qualité reste indéterminé au sens de
la protention, etc.). Toute phase du procès est alors
une extension de rétention, un point de présentation
originaire en tant que protention remplie et une
extension de protention non remplie »[1].

Au cours de la perception d'une mélodie, toute
rétention est-elle alors rétention d'une protention
remplie? Plus radicalement, « la rétention en
général est-elle rétention effective d'un objet-
temporel-ponctuel du seul fait que la protention a
déjà créé (*geschaffen*) un maintenant et par là du

passé dans le futur est entière et parfaite ; et par conséquent la première
impulsion de l'imagination dans cette espèce de raisonnement est dotée
des mêmes qualités » ; cf. *A Treatise of Human Nature*, Book I, Part III,
Section XII, ed. by L. A. Selby-Bigge, Oxford, Clarendon Press, 1992,
p. 134.

1. « Das Ineinander von Retention und Protention im
ursprünglichen Zeitbewusstsein. Urpräsentation und Bewusstsein der
Neuheit », n° 1, in *Die Bernauer Manuskripte über das Zeitbewusstsein
(1917-1918)*, Husserliana, Bd. XXXIII, p. 14.

même coup, un identifiable, fût-ce dans un mode de donnée différent?»[1] La portée de cette question laissée sans réponse et sur laquelle s'interrompt le premier des manuscrits de Bernau ne saurait être sous-estimée car il s'agit finalement de savoir si la temporalisation s'accomplit depuis la rétention du maintenant ou à partir de la protention d'un maintenant dont cette protention serait la source et le mode de donnée.[2] La conscience originaire du temps et le temps originaire de la conscience tirent-ils leur origine de la seule modification rétentionnelle d'une impression entendue comme « création originaire (*Urschöpfung*) » et « acte-du-maintenant créateur de temps (*zeitschaffende*) »[3], ou faut-il reconnaître à la protention le pouvoir de « créer » un maintenant? Et si la rétention est conscience immédiate et intuition du maintenant passé, la protention peut-elle être conscience immédiate et intuition du maintenant à venir?

Ainsi formulée la question laisse paraître la difficulté qu'elle implique. Alors que le passé est intuitivement donné pour autant qu'il lui appartient

---

1. *Ibid.*

2. Sur l'histoire de ces textes, *cf.* « Einleitung der Herausgeber, I », in *Die Bernauer Manuskripte über das Zeitbewusstsein (1917-1918)*, Husserliana, Bd. XXXIII, p. XVII *sq.* La section I de l'introduction est due à D. Lohmar. L'enveloppe du manuscrit n° 1 porte la date du 30 août 1917 ; *cf.* « Textkritische Anmerkungen », *op. cit.*, p. 396.

3. *Vorlesungen zur Phänomenologie des inneren Zeitbewußtseins, Beilage* I et § 17, in *Zur Phänomenologie des inneren Zeitbewußtseins (1893-1917)*, Husserliana, Bd. X, p. 100 et p. 41.

d'être accompli et déterminé, de quelle intuition
est susceptible l'avenir qui, im-pré-visible, ne
saurait être ni l'un ni l'autre? Husserl ne l'ignore
évidemment pas. « En ce qui concerne l'avenir,
écrit-il la question de savoir si on peut en général
admettre une pro-intuition (*Voranschauung*) prouve
qu'elle n'est pas facile à constater »[1]. Im-pré-visible signifie-t-il nécessairement in-intuitionnable,
y a-t-il une perception de l'avenir comme il y en
a une du passé? Abstraction faite de la conscience
prophétique qui n'est d'ailleurs sans doute pas
réductible à une intuition de l'avenir, y a-t-il une
situation descriptive où l'avenir est est visible dans
son im-pré-visibilité même? Rien n'est moins sûr.

Revenons au mode de donnée de la protention.
À nouveau, en vertu de la loi de modification
rétentionnelle, toute rétention ne cesse et ne
cessera de se prolonger en rétention de rétention,
etc. Partant, « la nouvelle série de "passé en tant
que tel" non seulement vient mais encore "viendra
et doit venir" ». La continuité rétentionnelle est
donc simultanément continuité protentionnelle et
cela montre que la conscience « est continûment
remplissable de telle sorte que tout remplissement
est simultanément intention pour un nouveau
remplissement et ainsi de suite. Et, ajoute Husserl,
la possibilité idéale d'une série de pro-souvenirs

1. « Deskription der Zeitmodalitäten in noematischer Hinsicht »,
n° 8, in *Die Bernauer Manuskripte über das Zeitbewusstsein (1917-
1918)*, Husserliana, Bd. XXXIII, p. 148.

et de quasi pro-souvenirs (comme possibilité de l'advenant) existe en lesquels s'explicite le sens de cette intentionnalité. "À la suite" de l'entrée en scène successive, cette transformation de l'intentionnalité croît en nécessaire "causalité" immanente, de l'unilatéralité vient la bilatéralité et le nouveau côté devient une sorte d'image spéculaire du côté originaire »[1].

Que ressort-il de cette analyse sinon que la protention ne saurait être donnée sans la rétention, que la protention sourd de la rétention. Bref, à la différence de l'intentionnalité rétentionnelle, l'intentionnalité protentionnelle est médiate ou fondée ou pour le dire autrement, l'avenir n'est accessible qu'après avoir cessé de l'être. Sous des formes diverses, Husserl ne dit pas autre chose. « La protention, écrit-il par exemple, est une rétention retournée; c'est une modification de la rétention qui, bien sûr, "présuppose" la rétention »[2]. Mais si la protention est une rétention retournée, inversement la rétention n'est pas une protention retournée. Après avoir rappelé que la conscience d'une succession de *data* originaires ne va pas sans celle d'une succession d'extensions rétentionnelles, il précise aussitôt que cette succession

1. « Die Komplexion von Retention und Protention », n° 2, *op. cit.*, p. 24.
2. « Das Ineinander von Retention und Protention im ursprünglichen Zeitbewusstsein. Urpräsentation und Bewusstsein der Neuheit », n° 1, *Beilage* I, *op. cit.*, p. 17.

est « projetée dans le protentionnel »[1], projection dont « l'image spéculaire » est une autre version et qui suppose toujours la priorité de la rétention sur la protention. Dans un manuscrit postérieur, après avoir affirmé que la continuité protentionnelle a « le même style »[2] que la continuité rétentionnelle sur laquelle elle s'élève tel un étage supérieur sur un étage inférieur qui le soutient, il explique que « la protention est, en tant que telle, constamment dirigée vers l'arrière bien que, protention, elle soit dirigée vers l'avant »[3]. Ainsi fondée dans la rétention, la protention ne saurait être intuition donatrice de l'avenir au sens où la rétention l'est du passé. Originaire de la modification rétentionelle qui est l'intentionnalité même, la protention perd ainsi *dès l'origine* la possibilité d'être, *en tant que protention*, proprement originaire.

On ne saurait donc constater une « pro-intuition » ni décrire la temporalité en faisant droit à l'avenir sans le faire depuis une tout autre instance que la conscience qui reçoit son intentionnalité de la modification rétentionnelle dont le flux absolument constituant tire son unité. Mais n'est-ce pas dire du même coup que l'analyse intentionnelle de la conscience du temps et du temps de la conscience ne peut manquer de céder le pas à l'analytique

---

1. « Die Komplexion von Retention und Protention », n° 2, *op. cit.*, p. 20.

2. *Ibid.*, p. 24.

3. *Ibid.*, p. 26.

existentiale et à la temporalité ekstatique qui, sens d'être du *Dasein*, se temporalise à partir de l'avenir d'où naît le passé et qui délivre le présent[1] ?

1. Cf. *Sein und Zeit*, § 65.

LE SÉJOUR DU CORPS *

*L'essence du corps ressortissant à
l'Ereignis qui dépasse infiniment toute
esthétique du pur et simple sensible et
toute l'épouvante du mourir au sens
physiologique est encore* impensée.
*Seules les expériences de l'habiter en
voisinage dans la dif-férence* (Unter-
Schied) *sont ici de quelque secours* [1].

« Tu m'as demandé : mais à proprement parler
que fais-tu ? Rassembler et clarifier le vouloir propre
et à cette fin préparer les blocs du travail à venir.
Je taille déjà l'un d'entre eux –; je n'en parle à
personne : c'est l'essence de l'*espace* – je découvre
et pressens qu'il est plus et autre chose que ce en
qualité de quoi, jusqu'à présent, on le considérait,
à savoir la forme ou le contenant des choses et
de leurs dimensions; cela il l'est aussi – au sens
absolument le plus superficiel et le plus courant –
mais il est autre. A partir de là, le "temps" se modifie

* Publié en 2009 à la suite de la traduction française des *Remarques
sur art-sculpture-espace* de Heidegger, ce texte en a été ultérieurement
retranché.
1. Heidegger, *Anmerkungen VI-IX (Schwarze Hefte 1948/1949-
1951)*, Gesamtausgabe (GA), Bd. 98, p. 397.

aussi et tout est en transformation – et nulle pierre ne demeure sur l'autre. Il faut d'abord en trouver et en dégager de nouvelles »[1]. Que signifient ces quelques lignes où, depuis Todtnauberg le 6 octobre 1932, Heidegger confie à sa femme ce qui le tient alors silencieusement en haleine? Si selon *Être et Temps* déjà, l'espace n'est pas la forme *a priori* de tous les phénomènes du sens externe mais doit être conçu depuis le rapprochement et l'orientation à l'œuvre dans la préoccupation du *Dasein* et, à l'instar de tout existential, comme un mode de temporalisation, alors le retour sur l'essence de l'espace ne saurait concerner son seul caractère formel de réceptacle. Et puisque ce retour n'est pas sans conséquence sur le temps lui-même, c'est-à-dire sur le sens de l'être, pressentir que l'espace est plus et autre chose qu'une intuition pure voire irréductible à un mode de la temporalité ekstatique, n'est-ce pas soupçonner qu'il peut s'excepter de l'être dont le temps constitue le sens, n'est-ce pas du même coup commencer d'entrevoir un domaine jusques ici soustrait à la pensée, « le domaine encore inexpérimenté de la vérité de l'être (et non seulement de l'étant) »[2] car qu'est-ce qui pourrait s'excepter de l'être sinon seulement son essence et sa vérité? Bref, la remise en cause des

---

1. « *Mein liebes Seelchen !* », Briefe Martin Heideggers an seine Frau Elfride 1915-1970, hgg. von G. Heidegger, 2005, p. 182.
2. « Vom Wesen der Wahrheit », in *Wegmarken*, G.A., Bd. 9, p. 194.

déterminations ontologiques et donc temporelles de
l'espace n'a-t-elle pas joué un rôle dans l'accès à la
vérité de l'être qui, « pensé en tant que tel, pourrait
ne plus s'appeler "être" » ou « qui, en tant que tel,
est un autre que lui-même et si décidément un autre
qu'il n'"'est" même pas »[1] ? Inversement, ne serait-
ce pas depuis la seule vérité de l'essence de l'être,
depuis l'*Ereignis*, que peut être pensé l'espace en ce
qui, indépendamment de l'être et du temps, lui est
propre ? N'est-ce pas ainsi que se laisse atteindre le
propre de l'espace ?

Un double rappel suffit à légitimer ces questions.
Dans *L'art et l'espace*, publié en 1969 et étroitement
lié aux *Remarques sur art-sculpture-espace* prononcées cinq ans plus tôt, s'interrogeant sur le propre de
ce dernier et après avoir fait observer que « le mode
sur lequel l'espace est demeure indécis », Heidegger
va jusqu'à se demander « si, de manière générale,
un être peut lui être attribué. »[2] Simultanément,
il ajoute à la conférence *Temps et Être* ces mots :
« Dans la mesure où le temps aussi bien que l'être
en tant que dons de l'approprier (*Ereignens*) ne
sont à penser qu'à partir de celui-ci, il faut que, de

---

1. *Nietzsche II*, G.A., Bd. 6.2, p. 320.
2. « Die Kunst und der Raum », in *Aus der Erfahrung des
Denkens*, G.A., Bd. 13, p. 205. Évoquant ce texte, Heidegger écrivait
le 7 mars 1969 : « Je me débats encore avec "l'espace". De celui-ci
qui n'existe peut-être même pas, il est difficile de dire quelque chose
sans trop s'étendre », *in* Martin Heidegger/Erhart Kästner, *Briefwechsel
1953-1974*, Frankfurt am Main, Insel Verlag, 1986, p. 105.

manière correspondante, le rapport de l'espace à
l'appropriation (*Ereignis*) soit pensé. Certes, cela
ne saurait réussir que si, préalablement, nous avons
bien vu que l'espace provient de ce que le lieu a de
propre et l'avons suffisamment pensé. (*Cf.* « Bâtir
Habiter Penser », 1951, in *Essais et conférences*). »
Puis, passant à la ligne pour donner plus de relief à
ce qui suit, il conclut : « La tentative, dans *Être et
Temps*, § 70, de reconduire la spatialité du *Dasein* à
la temporalité n'est pas tenable. » [1]

Laissons de côté cette proposition sur laquelle
nous reviendrons pour finir et, afin d'accéder au
rapport de l'espace à l'appropriation voire à celle-
ci, suivons le mouvement des *Remarques...* où
l'espace est abordé à partir de la sculpture. En tout
sens, ce mouvement décrit un cercle. De quel cercle
s'agit-il ? Nous nous y heurtons quand, après avoir
affirmé que l'art est ce à quoi œuvre l'artiste, nous
déterminons l'artiste comme celui qui répond à
l'appel de l'art ou encore quand, après avoir dit que
« l'espace est ce à quoi se confronte le sculpteur »,
nous définissons ce dernier comme « un artiste qui,
à sa manière, se confronte à l'espace » [2]. Est-il alors

1. « Zeit und Sein », in *Zur Sache des Denkens*, G.A., Bd. 14,
p. 28-29. Prononcé en 1962, *Temps et Être* a été initialement publié en
1968 et republié en 1969. C'est à cette dernière occasion que Heidegger
y intercala les lignes citées à propos desquelles, en marge de son propre
exemplaire, il renvoit à *L'art et l'espace*.

2. *Remarques sur art-sculpture-espace*, trad. fr., Paris, Rivages
Poche, 2014, p. 17. Le texte original, *Bemerkungen zu Kunst-Plastik-
Raum*, édité par H. Heidegger, a été publié en 1996 par Erker-Verlag,
St. Gallen.

possible de rompre ce cercle, de ne plus ainsi tourner en rond ? Mais poser cette question n'est-ce pas exclure d'emblée que le cercle puisse appartenir à la chose même ? « Ce qui est décisif, ce n'est pas de sortir du cercle mais d'y entrer comme il convient » [1] disait Heidegger au sujet du cercle herméneutique fondé dans l'être du *Dasein*. Quarante ans plus tard, s'interrogeant sur la manière de sortir du cercle qui lie l'espace au sculpteur et celui-ci à celui-là, il répond : « Cette question est déjà manquée *en tant que question*. Car elle méconnaît que, d'aucune façon, nous ne saurions nous extraire de la structure du rapport qui est ici nommé rond ou cercle. Nous, qui ? Nous les hommes. Partant, ce décrire-un-cercle – dans le cas présent, la détermination de l'art à partir de l'artiste et la détermination de l'artiste à partir de l'art – appartient à notre être-homme. » [2]

Est-il alors possible d'accéder à ce rapport qui concerne notre être en procédant depuis l'espace ? Qu'est donc ce dernier, dans quel horizon et comment a-t-il été jusqu'à maintenant pensé ?

« Tout corps est dans un lieu (ἐν τόπῳ) » et ce lieu qui lui est propre est « la limite du corps enveloppant (τὸ πέρας τοῦ περιέχοντος σώματος) à l'endroit où il touche le corps enveloppé » dit Aristote qui précise : « j'entends par corps enveloppé, celui qui est mobile par transport (τὸ κινητὸν

---

1. *Sein und Zeit*, § 32, p. 153 et § 63, p. 314 *sq.*
2. *Remarques sur art-sculpture-espace*, p. 17-18.

κατὰ φοράν). »[1] Et lorsque, au terme d'une transformation des concepts aristotéliciens de lieu et de corps, l'espace fut compris comme extension tridimensionnelle isotrope ou en tant que champ de gravitation, quand Descartes détermina l'essence du corps comme étendue et Kant, l'espace comme forme *a priori* des représentations du sens externe, c'est toujours relativement au corps, à la corporéité en général, que l'espace fût conçu. « Malgré toutes les différences entre les manières de penser de la pensée grecque et de celle des temps modernes », constate Heidegger, « l'espace y est représenté de la *même* façon, à partir du *corps* ».[2] Cela vaut également pour notre propre spatialité puisque, « selon la représentation commune, l'homme, par son volume, se tient et marche *aussi* dans l'espace à l'instar d'un corps en repos et en mouvement. »[3]

Que signifie ce constat? N'est-il pas surprenant qu'après avoir si souvent marqué la distance qui sépare ce qui est grec de ce qui est romain ou moderne, Heidegger porte ici l'accent sur la continuité qui lie l'expérience grecque du lieu à celle, moderne, de l'espace? Où réside alors l'invariance si ce n'est évidemment pas au même concept de corps que se rapportent le lieu aristotélicien, l'espace de la physique mathématique, l'étendue et la grandeur infinie donnée? « La représentation

1. *Physique*, IV, 1, 209 *a* 26 et 4, 212 *a* 6 *sq.*
2. *Remarques sur art-sculpture-espace*, p. 24.
3. *Ibid.*, p. 25.

commune » remarque-t-il, « tient quelque chose pour éclairci seulement lorsqu'il est expliqué, c'est-à-dire reconduit à quelque chose d'autre, tel, dans le cas présent, l'espace au corps physique. Par contre, dans une pensée conforme à son affaire, celle-ci est éprouvée *en son propre* seulement quand nous renonçons à l'explication et nous abstenons de la reconduire à autre chose. Au lieu de cela, il convient de voir l'affaire en question purement à partir d'elle-même, telle qu'elle se montre » [1].

Opposant la représentation commune qui explique une chose par une autre, à une pensée qui, vouée exclusivement à son affaire, s'attache à ne voir qu'elle, dans ce qui lui est propre et seul s'y montre, Heidegger ne distingue pas explication et intuition. En effet, si la plus haute forme d'explication consiste à reconduire l'étant à l'être et repose sur la différence ontologique, la pensée conforme à son affaire, s'en tenant à ce qu'elle a de propre sans recourir à quoi que ce soit d'autre, fût-ce à l'être, n'est plus régie par cette différence. Affirmer que Platon qui représente la présence de ce qui est présent, l'être de l'étant, depuis l'ἰδέα, « a aussi peu pensé l'essence de la chose qu'Aristote et tous les penseurs qui ont suivi» [2], est une autre manière de le dire. Bref, sous l'apparence d'une distinction de méthode, il s'agit du partage entre la métaphysique dont la différence ontologique constitue le mode de

---

1. *Ibid.*, p. 26-27.
2. « Das Ding », in *Vorträge und Aufsätze*, G.A., Bd. 7, p. 170.

déploiement, et le domaine de l'essence de la vérité de l'être, de l'*Ereignis*, où s'évanouissent l'être, sa différence d'avec l'étant et donc l'étant lui-même.[1] Faut-il le rappeler, dans la conférence sur *La chose*, il n'est jamais question de l'être ou de l'étant.

Mais si l'expérience de ce qui, par exemple, est propre à la cruche en tant que cruche ou à l'espace en tant qu'espace, demeure impossible sous le règne de la différence ontologique et des manières de penser ou de dire qui en sont solidaires, tenter d'accéder à l'espace indépendamment des corps, à ce qui est propre à l'espace et à lui seul, permettra peut-être d'accéder au domaine de l'appropriation ou, à tout le moins, de l'entr'apercevoir.

« Qu'est-ce donc que l'espace comme espace ? Réponse : l'espace espace, *der Raum räumt* »[2]. Comment entendre cette proposition d'allure tautologique qui vise « le spatialisant de l'espace »[3], l'espace dans le mouvement propre de sa spatialisation ? Et d'abord que veut dire le verbe *räumen* ? Il signifie essarter, c'est-à-dire défricher ou éclaircir, dégager en donnant du champ-libre, de l'ouverture.[4] L'espace en tant qu'il espace ne va

---

1. *Cf.* « Zeit und Sein », in *Zur Sache des Denkens*, G.A., Bd. 14, p. 27 : « L'être s'évanouit dans l'*Ereignis*. »

2. *Remarques sur art-sculpture-espace*, p. 27.

3. *Ibid.*, p. 40.

4. Selon le dictionnaire Grimm, *räumen* « signifie originairement faire un *espace*, c'est-à-dire une clairière dans les bois (*einen raum, d. h. eine lichtung im walde schaffen*) ». Heidegger qui se réfère ici à ce dictionnaire ne mentionne cependant pas cette acception originaire

donc pas sans l'homme. Quelle est alors la relation du second au premier, sur quel mode la spatialité de l'homme s'accomplit-elle ? « L'homme n'est pas dans l'espace à la manière d'un corps (*Körper*). L'homme est dans l'espace en sorte qu'il concède-et-aménage (*einräumt*) l'espace, a toujours déjà concédé-et-aménagé l'espace. »[1] Mais si l'espacer, l'espacement, de l'espace qui est le propre de ce dernier, advient avec et par l'homme en tant qu'il est lui-même proprement spatialisant, quel est ce rapport de co-appartenance ou de co-propriation par lequel l'un et l'autre sont proprement ce qu'ils sont ? Après avoir réaffirmé que « l'espace espace en tant qu'espace *pour autant* seulement que l'homme concède-et-aménage l'espace », Heidegger ajoute : « l'espace, pour espacer *en tant qu'espace*, requiert l'homme. Ce rapport mystérieux qui ne concerne pas seulement la relation de l'homme à l'espace et au temps mais la relation "de l'être à" l'homme (*Ereignis* : appropriation), ce rapport est ce qui se dérobe derrière ce que, avec quelque précipitation et légèreté, nous avons mis en relief comme un mouvement en rond ou circulaire lorsqu'il nous fallait déterminer l'art à partir de l'artiste et l'artiste à partir de l'art »[2].

qui accorde un sens spatial au mot *Lichtung*, clairière, éclaircie. Sur la *Lichtung*, *cf.* « Das Ende der Philosophie und die Aufgabe des Denkens », in *Zur Sache des Denkens*, G.A., Bd. 14, p. 80 *sq.*

1. *Remarques sur art-sculpture-espace*, p. 28.
2. *Ibid.*, p. 33-34.

L'*Ereignis* est donc un rapport voire « le rapport des rapports »[1]. Quel est ce rapport qui entretient tout rapport? Ouvert à l'être qui sans être exclusivement le sien est néanmoins toujours sien, l'homme appartient à l'être et « cette appartenance (*Gehören*) est à l'écoute de l'être (*auf das Sein hört*) parce qu'elle lui est *appropriée*. » Mais si l'homme relève de l'être, l'être lui-même « ne se déploie et ne dure qu'en concernant l'homme par l'appel qu'il lui adresse. Car c'est d'abord l'homme, ouvert à l'être, qui laisse celui-ci advenir comme présence (*Anwesen*). Une telle présence advenante à... requiert l'ouvert d'une clairière et demeure ainsi, par cette réquisition même, remise en propre à l'essence de l'homme. »[2]

Cette co-appartenance n'a évidemment pas le même sens quand, marquée par l'oubli de l'être, elle s'accomplit sous la figure de l'essence de la technique, du dispositif (*Gestell*), ou lorsque, de la manière la plus initiale qui soit, elle s'accomplit

---

1. « Der Weg zur Sprache », in *Unterwegs zur Sprache*, G.A., Bd. 12, p. 256.

2. « Der Satz der Identität », in *Identität und Differenz*, G.A., Bd. 11, p. 39-40. Quelques pages plus loin, après avoir indiqué que le verbe *ereignen*, approprier, signifiait originairement *eräugen*, saisir du regard, appeler à soi du regard, Heidegger prévient : « Pensé à partir de l'affaire dont il vient d'être question, le mot *Ereignis* doit maintenant parler comme un mot directeur au service de la pensée. Comme tel, il est aussi peu traduisible que le mot grec directeur λόγος ou le chinois *Tao*. *Ereignis* ne signifie plus ici ce que nous nommons un événement, quelque chose qui survient. Le mot est désormais utilisé comme *singulare tantum* » ; *ibid.* p. 45.

comme vérité de l'essence de l'être, éclaircir de toute éclaircie, clairière, unité du ciel et de la terre, des divins et des mortels, quadrat où chacun des quatre est confié, remis en propre, aux autres. « Nous nommons monde », dit alors Heidegger, « l'appropriant jeu en miroir (*Spiegel-Spiel*) de la simplicité du ciel et de la terre, des divins et des mortels. » [1] Et dans l'avant-dernière du cycle de conférences qui, prononcées en 1949, s'ouvre par *La chose*, il précise : « le monde n'est pas un mode de l'être ni soumis à celui-ci. L'être reçoit en propre son essence du monder du monde (*Welten von Welt*). Cela suggère que le monder du monde est, en un sens encore inexpérimenté du mot, l'approprier. Quand le monde advient proprement, l'être et avec lui le rien, s'estompe dans le monder. C'est seulement lorsque le rien, dans son essence, s'évanouit dans la vérité de l'être à partir de celle-ci, que le nihilisme est surmonté. » [2] Le nihilisme − c'est-à-dire la métaphysique et la différence ontologique sur laquelle elle se fonde.

Ces brèves indications étaient nécessaires avant de revenir à l'espace dès lors qu'il doit être pensé depuis l'*Ereignis* en tant que monde où l'être s'évanouit. À l'époque d'*Être et Temps*, l'espace est compris en fonction des ustensiles

1. *Einblick in das was ist*, « Das Ding », in *Bremer und Freiburger Vorträge*, G.A., Bd. 79, p. 19.
2. *Einblick in das was ist*, « Die Gefahr », in *Bremer und Freiburger Vorträge*, G.A., Bd. 79, p. 48-49.

intra-mondains, depuis l'être-au-monde préoccupé, comme un existential, c'est-à-dire comme un mode de temporalisation ou d'être. Mais si le monde n'est plus un tel mode, qu'advient-il de l'espace ? L'évanouissement de la différence ontologique qu'implique le changement du concept de monde ou mieux de son domaine, signifie l'effacement de la différence entre l'étant intra-mondain spatial et la mondanéité qui en constitue l'être. Comment peut-on alors accéder à l'espace lui-même lorsqu'il n'est plus possible d'y remonter en partant de l'ustensile et de la place que lui assigne le *Dasein* ? En d'autres termes, où la pensée de l'espace depuis et selon *l'Ereignis* peut-elle prendre son départ sinon dans ce que Heidegger nomme une chose et qui est tout sauf un étant distinct de son être ? En effet et nous ne pouvons ici que le rappeler sans nous y arrêter, considéré depuis l'appropriation, le rapport de l'être et de l'étant est une modification du rapport entre le monde et la chose mais une modification où l'essentiel se perd[1], à savoir que la chose est « chose-monde » et le monde, « monde-chose »[2], mots composés où la différence ontologique disparaît dans le trait d'union.

Dans la conférence *Bâtir Habiter Penser*, renouant avec une indication donnée dans *Être et Temps*, Heidegger demande : « Que veut dire : *ich bin* [je suis] ? Le vieux mot *bauen* auquel appartient

1. *Cf.* « Protokoll zu einem Seminar über "*Zeit und Sein*" », in *Zur Sache des Denkens*, G.A., Bd. 14, p. 46.
2. « Die Sprache », in *Unterwegs zur Sprache*, G.A., Bd. 12, p. 26.

bin donne la réponse : *ich bin*, *du bist*, disent : j'habite, tu habites. La façon dont tu es et dont je suis, le mode sur lequel nous les hommes sommes sur terre, est le *buan*, l'habiter. Être homme veut dire : être sur terre en tant que mortel, veut dire : habiter. »[1] Comment cet habiter a-t-il lieu ? Si la terre ne va pas sans le ciel et les mortels sans les divins, alors « les mortels habitent de manière à préserver le quadrat en son essence. »[2] Mais si l'habiter est toujours, de manière ou d'autre, un séjourner auprès de... par lequel en quelque sorte « *le temps devient espace* » et « le temps originaire, le pré-espace du séjour (*Weile*) »[3], dans quelle proximité les mortels séjournent-ils en sorte de préserver le quadrat, comment habitent-ils en sorte de préserver la vérité de l'essence de l'être qui est la leur propre ? « Les mortels ne le pourraient jamais si l'habiter n'était qu'un séjour sur terre, sous le ciel, devant les divins, avec les mortels. L'habiter, au contraire, est toujours déjà un séjour auprès des choses. L'habiter en tant que préserver prend en garde le quadrat dans ce auprès de quoi les mortels séjournent : dans les choses. »[4] Aussi, pour penser l'espace depuis l'*Ereignis*, ne convient-il pas de

---

1. « Bauen Wohnen Denken », in *Vorträge und Aufsätze*, G.A., Bd. 7, p. 149 ; cf. *Sein und Zeit*, § 12, p. 54.

2. *Ibid.*, p. 152.

3. *Überlegungen II-VI (Schwarze Hefte 1931-1938)*, GA, Bd. 94, p. 38.

4. « Bauen Wohnen Denken », in *Vorträge und Aufsätze*, G.A., Bd. 7, p. 153.

partir de cet habiter qui, comme séjour auprès des choses, préserve le quadrat? Et si *bauen*, habiter, c'est *colere* et *aedificare*, cultiver et construire[1], bref si la construction est un mode de l'habitation, il devient possible de décrire le séjour auprès des choses et la spatialité qui, proprement, lui revient, en procédant depuis une chose construite, un pont par exemple.

Reliant une rive à une autre qui lui fait face grâce à lui, le pont avoisine le fleuve et ses alentours tout en nous permettant de passer d'un quartier de la ville à l'autre, il « *rassemble* auprès de lui et à sa manière la terre et le ciel, les divins et les mortels »[2]. Et si en vieil haut-allemand rassemblement se dit *thing*, alors, en tant qu'il rassemble, le pont est une chose (*Ding*). Mais c'est une chose d'un genre particulier « puisqu'elle rassemble le quadrat de *telle* sorte qu'elle lui accorde une *place*. Mais seul ce qui est

---

1. Ici encore, Heidegger se réfère au dictionnaire Grimm. Cette référence n'implique toutefois aucune dépendance car elle tire sa possibilité de la détermination de la langue comme « le plus propre des modes de l'approprier ». En d'autres termes, « l'étymologie » change radicalement de sens dès l'instant où la langue – c'est-à-dire telle ou telle langue puisque, « sur les modes les plus divers, l'être parle partout et toujours à travers toute langue » – est la manière selon laquelle s'accomplit le rapport de l'être à l'homme et de l'homme à l'être, selon laquelle se déploie l'*Ereignis* ; *cf.* « Der Weg zur Sprache », in *Unterwegs zur Sprache*, G.A., Bd. 12, p. 251 et « Der Spruch des Anaximander », in *Holzwege*, G.A., Bd. 5, p. 366.

2. « Bauen Wohnen Denken », in *Vorträge und Aufsätze*, G.A., Bd. 7, p. 155.

lui-même un lieu peut concéder-et-aménager une place »[1].

Que faut-il entendre par lieu? Le mot lieu ne traduit pas ici les mots τόπος ou χώρα, l'un et l'autre absents de la conférence *Bâtir Habiter Penser* mais l'allemand *Ort*. « Originairement, le nom *Ort* désigne la pointe de la lance. Sur elle, tout converge. Le lieu unit en soi le plus haut et le plus extrême. Le rassemblant transit tout et déploie son essence à travers tout. Le lieu, ce rassemblant, intègre en soi, prend en garde ce qu'il intègre, non pas à la façon d'une capsule qui enclôt mais en sorte de paraître et luire à travers le rassemblé et, ainsi, d'en libérer l'essence. »[2] Dès lors que le lieu signifie le rassemblement ou plutôt que celui-ci est l'essence même de celui-là, le pont qui, à l'instar de toute chose, rassemble le quadrat où chacun des quatre tient son essence des trois autres, est un lieu. En conséquence, le pont n'occupe pas un lieu mais le lieu provient du pont, le lieu est dans la chose et non la chose dans le lieu, renversement par lequel le lieu, la chose et la préposition *dans* perdent le sens qu'ils ont depuis la *Physique* d'Aristote pour désormais signifier en deçà de la différence ontologique.

---

1. *Ibid.*, p. 156.
2. « Die Sprache im Gedicht », in *Unterwegs zur Sprache*, G.A., Bd. 12, p. 33 ; *cf.* « Die Kunst und der Raum », in *Aus der Erfahrung des Denkens*, G.A., Bd. 13, p. 208 : « nous devrions apprendre à reconnaître que les choses elles-mêmes sont des lieux et n'appartiennent pas seulement à un lieu. »

Mais comment « les choses qui, sur un tel mode, sont des lieux, accordent [-elles] d'abord et à chaque fois des espaces »[1] ? Originairement, *Raum*, espace, désigne la place faite en vue de l'établissement d'une colonie ou d'un camp de soldats. Un espace est donc toujours aménagé, ouvert par dégagement et délimitation et il tire son essence de sa limite puisque, Heidegger le rappelle à plusieurs reprises, « πέρας, la limite, n'est pas ce où quelque chose prend fin mais, comme les Grecs l'ont reconnu, ce à partir de quoi *commence son essence.* »[2] Ce qui est ainsi aménagé est à chaque fois délimité, c'est-à-dire placé en relation à d'autres places qui, les unes et les autres, sont rassemblées dans et par le lieu. « Le lieu rassemble. Le rassemblement abrite le rassemblé en son essence. »[3] Cela signifie d'abord que les espaces ne sont pas les parties d'un seul et même unique espace mais, énoncé aussi peu kantien que possible, que « *les espaces reçoivent leur essence des lieux et non de "l'"espace* »[4] ; cela permet de comprendre ensuite en quel sens il convient d'entendre la proposition selon laquelle « le dire pensant est en vérité la topologie de l'être »[5]. En effet, dès lors que

1. « Bauen Wohnen Denken », in *Vorträge und Aufsätze*, G.A., Bd. 7, p. 156.

2. *Ibid.*, p. 156 ; *cf. Remarques sur art-sculpture-espace*, p. 21.

3. « Zur Seinsfrage », in *Wegmarken*, G.A., Bd. 9, p. 386.

4. « Bauen Wohnen Denken », in *Vorträge und Aufsätze*, G.A., Bd. 7, p. 156.

5. « Aus der Erfahrung des Denkens », in *Aus der Erfahrung des Denkens*, G.A., Bd. 13, p. 84.

le lieu est le rassemblant de tout rassemblement, le mode sur lequel s'accomplit le rassemblement qui garde le rassemblé en son essence, la vérité de l'essence de l'être est lieu, est le lieu et, en un tout autre sens que pour Mallarmé, « rien n'aura eu lieu que le lieu ».

Produites par un bâtir, les choses qui emplacent sont des bâtiments, c'est-à-dire « des lieux qui accordent une place au quadrat, place qui à chaque fois concède-et-aménage un espace »[1] auquel, de manière ou d'autre, nous nous rapportons. Dès lors, c'est bien à partir de ces choses qu'il convient d'élucider la relation de l'espace au lieu et le rapport de l'homme à l'espace. En tant que lieu, le pont concède un espace au quadrat. Cet espace ne va pas sans un ensemble de places qui sont plus ou moins proches ou éloignées du pont et les unes des autres.[2] C'est tout un quartier qui s'étend autour du pont, l'avenue qui y conduit, l'esplanade sur laquelle il donne, les quais bordés d'arbres sur lesquels nous nous promenons ou circulons, etc. La proximité et l'éloignement sont donc relatifs à la chose-pont, c'est-à-dire encore aux allées et venues des mortels. « Mais maintenant, remarque alors Heidegger, à ces places se substituent de pures et simples positions entre lesquelles s'étend une distance mesurable ; une distance, en grec un στάδιον, est

1. « Bauen Wohnen Denken », in *Vorträge und Aufsätze*, G.A., Bd. 7, p. 157.
2. Cf. *Sein und Zeit*, § 23, p. 105-106.

toujours concédée-et-aménagée et ce par de pures et simples positions. »[1] Qu'est-ce à dire et quel est ce *maintenant* à partir duquel une situation dérivée vient recouvrir la situation initiale?

Intégré dans un ensemble de positions relatives les unes aux autres, dans un système d'intervalles par lequel la proximité et l'éloignement sont réduits au seul dénominateur commun de la distance, le pont n'est plus un lieu donnant lieu à des emplacements. Après avoir rappelé que le latin *spatium* qui traduit le grec στάδιον, signifie intervalle, Heidegger poursuit : « Dans un espace purement et simplement représenté comme *spatium*, le pont apparaît maintenant comme un simple quelque-chose occupant une position, laquelle position peut à tout moment être occupée par n'importe quoi d'autre ou être remplacée par un simple marquage. »[2] Quel est alors ce mode d'apparaître du pont ou qu'est-ce qui différencie le pont en tant que chose-lieu du pont en tant qu'il occupe une position quelconque? Et répondre à cette question, n'est-ce pas du même coup fixer le sens du *maintenant* dont nous venons de parler?

Lorsque le pont apparaît comme un pur et simple quelque-chose occupant une position quelconque interchangeable avec toute autre position, non seulement il ne donne plus ni lieu ni place mais encore, et si le lieu est dans la chose en tant qu'elle

1. « Bauen Wohnen Denken », in *Vorträge und Aufsätze*, G.A., Bd. 7, p. 157.
2. *Ibid.*, p. 157.

rassemble le quadrat, il n'est plus chose-lieu ou chose-monde. Autrement dit, pour que le pont puisse apparaître comme un *aliquid*, il faut que le monde en tant qu'unité du quadrat se soit préalablement retiré. Bref, le pont cesse d'être une chose lorsque la vérité de l'essence de l'être, le monde comme jeu spéculaire du quadrat, demeure en retrait. Et ce qui vaut pour le pont vaut pour le lieu-rassemblant dont le retrait accorde l'espace. « En outre, à partir de l'espace en tant qu'intervalle, les simples extensions selon la hauteur, la largeur et la profondeur peuvent être mises en relief. Ce qui est ainsi retiré, en latin *abstractum*, nous le représentons comme la pure multiplicité des trois dimensions. Toutefois ce qui concède-et-aménage cette multiplicité n'est plus déterminé par des distances, n'est plus *spatium* mais seulement encore *extensio*. Et l'espace en tant qu'*extensio* se laisse à nouveau rabattre sur des relations analytico-algébriques. Ce que celles-ci aménagent et permettent est la possibilité de la construction purement mathématique de multiplicités selon une pluralité variable de dimensions. On peut nommer "l'"espace ce qui est ainsi aménagé de façon mathématique. Mais "l'"espace pris en ce sens ne contient ni espaces ni places. En lui, nous ne trouverons jamais des lieux, c'est-à-dire des choses du genre du pont. » [1]

1. *Ibid.*, p. 157-158.

Si la chose-pont n'est pas dans *l*'espace, à l'inverse *l*'espace est dans le pont puisque c'est à partir des espaces octroyés par le lieu comme rassemblant de la chose que se laissent abstraitement dériver l'intervalle, la distance et l'extension mesurables. Toutefois, cette dérivation et cette abstraction seraient en tant que telles impossibles si la vérité de l'essence de l'être, telle une lumière émise non pas dans mais par la nuit même, avait à jamais cessé de luire sous son retrait, en son retrait, par son retrait, si l'être pouvait à jamais se séparer de son essence. Autrement dit, « pour autant que le monde refuse son monder, ce n'est pas rien du monde qui arrive mais dans le refus rayonne la grande proximité du plus lointain éloignement du monde. »[1] C'est donc du rayonnement de ce refus que le *maintenant* tire son sens car les positions ne sauraient être substituées aux places et l'espace, aux espaces si la chose-lieu qui rassemble le quadrat en tant que monde n'avait pas été « anéantie »[2], si le monde en tant que vérité de l'essence de l'être ne se refusait pas. Quel est alors le mode d'accomplissement de cet anéantissement ou de ce refus sinon ce que Heidegger nomme le dispositif, c'est-à-dire l'essence de la technique ?

Cette dernière est en effet essentiellement ambiguë. Opposant la physique classique à la phy-

---

1. *Einblick in das was ist*, « Die Gefahr », in *Bremer und Freiburger Vorträge*, G.A., Bd. 79, p. 53.
2. *Einblick in das was ist*, « Das Ding », in *Bremer und Freiburger Vorträge*, G.A., Bd. 79, p. 9.

sique atomique, Heidegger remarque que, dans celle-ci et contrairement à celle-là, l'objet en tant que distinct du sujet disparaît pour laisser la priorité à la relation sujet-objet. « La relation sujet-objet, écrit-il, atteint ainsi pour la première fois son pur caractère de « relation », c'est-à-dire de mise à disposition en laquelle le sujet aussi bien que l'objet sont absorbés comme fonds. Cela ne veut pas dire que la relation sujet-objet s'évanouit mais au contraire que, pré-déterminée depuis le dispositif, elle atteint désormais à sa plus extrême domination. »[1] Que signifie ce primat de la relation sujet-objet sur l'objet et sur le sujet sinon une co-appartenance de l'homme et de l'être ? Mais si cette co-appartenance que fait exemplairement ressortir la relation d'indé-termination de Heisenberg, caractérise la physique nucléaire, elle est solidaire de la différence onto-logique, de l'oubli ou du retrait de l'être hors desquels il n'est pas de science. En d'autres termes, « un étrange approprier et remettre-en-propre règne dans le dispositif »[2], étrange et ambigu parce que si cette appropriation ne va pas sans l'extradition de l'être au plus loin de la vérité de son essence, elle ne peut cependant manquer de faire signe de manière proprement énigmatique vers une appropriation s'accomplissant comme cette vérité.

1. « Wissenschaft und Besinnung », in *Vorträge und Aufsätze*, G.A., Bd. 7, p. 55.
2. « Der Satz der Identität », in *Identität und Differenz*, G.A., Bd. 11, p. 45.

« Ce dont, au sein du monde technique moderne, nous faisons l'expérience dans le dispositif en tant que constellation de l'homme et de l'être est un *prélude* de ce que nomme l'appropriation. Celle-ci n'en reste pas nécessairement à son prélude. Car dans l'appropriation se dit la possibilité que l'appropriation surmonte le pur et simple règne du dispositif pour un approprier plus initial. » [1]

Le *maintenant* à partir duquel apparaît l'espace sans chose et disparaît la chose-lieu, où bascule la situation descriptive et avec elle le site même de la pensée, ce *maintenant* où l'être détourné de sa propre essence dans le dispositif prend une tournure telle qu'il peut entrer dans la vérité de son essence est donc celui où se tient la pensée lorsqu'elle s'attache à penser *depuis* l'appropriation la plus initiale ce qui n'en est que le prélude.

Cela dit, revenons à l'espace et plus précisément au rapport de l'homme à l'espace. Quel est-il ou comment l'appropriation s'y accomplit-elle ? Si d'une part l'espace n'espace pas sans l'homme et que, de l'autre, le lieu d'où provient l'espace est dans les choses, c'est depuis le rapport de l'homme à celles-ci que doit être décrit son rapport à celui-là. « Il n'y a pas les hommes et par ailleurs *de l'espace* ; car lorsque je dis "un homme" et que, par ce mot, je pense à qui est de manière humaine, c'est-à-dire à qui habite, alors, avec le nom "homme", je nomme

---

1. « Der Satz der Identität », in *Identität und Differenz*, G.A., Bd. 11, p. 45-46.

déjà le séjour dans le quadrat auprès des choses. »[1] Mais si la chose concède-et-aménage des espaces, comment nous y rapportons-nous ? Emprunter le pont Alexandre III pour traverser la Seine et se rendre des Invalides au Grand-Palais serait impossible si, par notre être et préalablement, nous ne nous tenions pas entre l'un et l'autre, par-dessus le fleuve, comme enjambant les rives que réunit et les places que concède-et-aménage la chose-pont, le lieu-pont. « Les espaces et avec eux "l'"espace sont toujours déjà concédés-et-aménagés dans le séjour des mortels. Des espaces s'ouvrent du fait qu'ils sont admis dans l'habitation de l'homme. Les mortels *sont*, cela veut dire : *habitant*, ils se tiennent en travers (*durchstehen*) des espaces sur le fondement de leur séjour auprès des choses et des lieux. Et c'est seulement parce que les mortels, conformément à leur essence, se tiennent en travers des espaces qu'ils peuvent aller en les traversant (*durchgehen*). Allant ainsi, nous n'arrêtons cependant pas de nous y tenir. »[2]

Cela ne détermine cependant pas encore la manière dont s'accomplit cette tenue transversale qui régit nos allées et venues, ni comment nous pouvons être spatialisants et spatialisés. « Nous allons toujours à travers les espaces de telle façon que nous nous y tenons-et-étendons dès lors que

1. « Bauen Wohnen Denken », in *Vorträge und Aufsätze*, G.A., Bd. 7, p. 158-159.
2. *Ibid.*, p. 159.

nous séjournons constamment auprès des choses
et des lieux proches ou éloignés. Lorsque je vais
vers la sortie de la salle, je suis déjà là-bas et ne
pourrais y aller si je n'étais ainsi fait que j'y suis.
Je ne suis jamais seulement ici en tant que corps
capsulé (*abgekapselte Leib*) mais je suis là-bas,
c'est-à-dire me tenant déjà à travers l'espace et c'est
seulement ainsi que je peux aller le traversant. »[1]
Sur quel mode pouvons-nous alors être spatialisants
et spatialisés, où et comment s'unifient le se-tenir-
en-travers et l'aller-en-traversant sinon dans la
marche – « le *Dasein* est toujours en chemin »[2] –,
sinon dans le corps? Mais faire ainsi du double
rapport de notre corps à l'espace le spatialisant de ce
dernier, n'est-ce pas aller à l'encontre de Heidegger
qui comprend le rapport des mortels à l'espace dans
l'espace comme séjour auprès des choses et des
lieux, comme habitation et affirme qu'encapsulé
dans notre corps nous sommes rivés à l'ici sans
jamais pouvoir être là-bas?

Ce n'est pas sûr car le corps n'est pas en tant
que tel à jamais capsulé, c'est-à-dire refermé sur
lui-même comme une boîte (*capsa*). A l'instar du
Dasein qui n'a pas à sortir d'une intériorité où il
serait préalablement « capsulé » puisqu'il « est
toujours déjà "dehors" auprès d'un étant rencontré

---

1. « Bauen Wohnen Denken », in *Vorträge und Aufsätze*, G.A.,
Bd. 7, p. 159.

2. *Sein und Zeit*, § 17, p. 79.

dans le monde toujours déjà découvert » [1], le corps
en tant qu'il corpore, incorpore et s'incorpore, est
toujours extérieur à lui-même. Après avoir souligné
que « nous vivons en corporant », que « la vie ne
vit qu'en corporant », Heidegger ajoutait : « le
corporer de la vie n'est rien d'isolé pour soi, capsulé
dans le "corps (*Körper*)", mais le corps (*Leib*) est
simultanément passage et traversée (*Durchlaß und
Durchgang*). À travers ce corps afflue un flux de vie
dont nous n'éprouvons qu'une part minime, fugitive
et seulement selon le type de réceptivité de chaque
état du corps. » [2] Traversant et traversé, le corps
en tant que tel n'est donc rien d'isolé sur soi. Cela
n'exclut évidemment pas qu'il puisse se refermer
sur lui-même mais ce renfermement suppose qu'il
soit préalablement ouvert. Toutefois, si corporer
n'est pas d'abord séjourner, c'est-à-dire habiter,
il demeure impossible de comprendre, depuis
l'*Ereignis*, le corps comme spatialisant-spatialisé
puisque d'une part l'ouverture du corps à la vie n'est
pas à elle seule un habiter, c'est-à-dire ouverture à la
vérité de l'essence de l'être et que, de l'autre, « les
mortels sont dans le quadrat lorsqu'ils habitent » et
ce « de façon à ménager (*schonen*) le quadrat dans
son essence. » [3]

1. *Ibid.*, § 13, p. 62 ; *cf.* § 34, p. 162.
2. *Nietzsche I*, G.A., Bd. 6. 1., p. 100 et p. 509.
3. « Bauen Wohnen Denken », in *Vorträge und Aufsätze*, G.A., Bd. 7, p. 152.

Y a-t-il alors un rapport entre le corporer et le séjourner en vertu duquel le premier serait ouvert non tant à la vie qu'à l'espace sans lequel ne va pas le second puisque « le rapport de l'homme à l'espace n'est rien d'autre que l'habiter pensé dans son essence »[1]? Dix ans après la conférence *Bâtir Habiter Penser*, Heidegger reprit, à une modification près, la description de notre transversalité. « L'homme, dit-il alors, accorde l'espace en tant que le spatialisant ou le donnant-du-champ, aménage les choses et lui-même dans ce champ-libre (*Freie*). Il n'a pas un corps et n'est pas un corps (*Körper*) mais vit son corps (*Leib*). L'homme vit tandis qu'il corpore (*lebt indem er leibt*) et est ainsi admis dans l'ouvert de l'espace et, par cette admission, séjourne déjà par avance en rapport avec ses prochains et avec les choses. »[2] Dès lors que c'est en tant qu'il corpore que l'homme est admis dans l'ouvert de l'espace, d'une part le corporer ouvert à l'espace n'est plus encapsulé et, de l'autre, le séjourner et l'habiter ne s'accomplissent pas sans lui. « L'homme, poursuit Heidegger, n'est pas délimité par la surface de son prétendu corps (*Körper*). Quand je me tiens ici, alors, en tant qu'homme, je me tiens seulement ici pour autant que, simultanément, je suis déjà là-bas près de la fenêtre et cela veut dire dehors, dans la rue et dans cette ville, bref dans un monde. Si je me dirige vers la porte, je ne transporte pas mon corps

1. « Bauen Wohnen Denken », in *Vorträge und Aufsätze*, G.A., Bd. 7, p. 160.
2. *Remarques sur art-sculpture-espace*, p. 29.

(*Körper*) vers la porte mais je change mon séjour
(« *corporer* ») et la proximité ou l'éloignement
selon lesquels les choses se trouvent toujours
déjà, l'ampleur ou l'étroitesse au sein desquelles
elles apparaissent, se transforment. »[1] Le séjourner
est donc désormais, telle est la modification, un
corporer et à la question de savoir ce que signifie le
verbe *corporer*, une note répond : « *Séjour* dans le
monde ».[2]

Quel est le sens de cette réponse qui, implicite-
ment, distingue l'être-au-monde du séjourner-
dans-le-monde ? À côté du verbe *leiben* que nous
traduisons par *corporer*, il y a un second verbe
leiben, indépendant du premier et qui signifie
ménager. Partant, si « le trait fondamental de
l'habitation est le ménager »[3], y a-t-il un rapport
entre ce *ménager* et le *corporer* ? *Schonen*, ménager
signifie couramment traiter avec égard et amitié.
En quel sens Heidegger l'entend-il ? « Le ménager
proprement dit est quelque chose de positif et advient
lorsque nous laissons par avance quelque chose à
son essence, lorsque nous ramenons proprement
quelque chose à son essence pour l'y abriter et,
conformément au mot *freien* [libérer, laisser libre],
lorsque nous l'entourons (*einfrieden*). Habiter, être
mis en paix (*Frieden*) veut dire : demeurer entouré
par l'apparenté (*Frye*), c'est-à-dire dans le champ-

1. *Ibid.*, p. 29-30.
2. *Ibid.*, p. 29, note 1.
3. « Bauen Wohnen Denken », in *Vorträge und Aufsätze*, G.A.,
Bd. 7, p. 152 ; *cf.* p. 151.

libre (*Freie*) qui ménage chaque chose dans son essence. »[1] Le ménagement ne va donc pas sans le champ-libre et celui-ci sans notre rapport à l'espace où réside l'espace en tant qu'il espace. Comment les mortels accomplissent-ils alors le ménagement du quadrat et la manière dont ils le font n'implique-t-elle pas le rapport de l'homme à l'espace tel qu'il se noue dans le corporer? Les mortels ménagent le quadrat, c'est-à-dire une fois encore la vérité de l'essence de l'être, en le laissant investir les choses et s'y rassembler en lieux car si la chose rassemble le quadrat, le lieu est, rappelons-le, le rassemblant de tout rassemblement et à ce titre, l'essence même de l'être. Or comment ménager les lieux, les laisser à leur essence sans en user si user veut dire « admettre dans l'essence, sauvegarder dans l'essence »[2]? Et comment en user sans s'y rendre, y aller et venir, y demeurer, sans le corps, le corporer du corps? Ménager les lieux et les espaces, c'est les habiter, c'est-à-dire les parcourir en marchant, s'y attarder ou les quitter; ménager les choses, c'est les manier conformément à ce qu'elles sont, en prenant leur parti. « Lorsque, par exemple, nous avons en main une chose, la main doit se mesurer à la chose. Il y a dans l'usage une réponse à la mesure de … L'usage pris en son sens propre n'abaisse pas ce dont il use mais l'usage consiste en ceci qu'il laisse ce dont

---

1. « Bauen Wohnen Denken », in *Vorträge und Aufsätze*, G.A., Bd. 7, p. 151.
2. *Was heißt Denken ?*, G.A., Bd. 8, p. 190.

il use dans son essence. » [1] Bref, qu'il s'agisse des espaces, des lieux ou des choses, le ménagement ne va pas sans le corps et le corporer est requis par le ménager, le séjourner, l'habiter, le quadrat.

Faut-il alors penser le corporer depuis l'appropriation et comme l'un de ses modes ? Sans doute, car comment l'homme pourrait-il être « en tant que tel spatialisant » *et* « spatial comme *nul* autre étant » si son essence ne se déployait pas aussi comme corps ? Être spatialisant dans l'espace, faire l'expérience de l'espace dans cet espace même, n'est-ce pas l'événement du corps et de son habitation ? Et si c'est en tant qu'il corpore et habite que l'homme est spatialisant *et* spatialisé ou « spatialisant dans l'espace *et* ainsi conforme à l'espace » [2], que peut signifier cette conjonction de coordination sinon l'appropriation ?

Mais si le corporer où s'accomplit la coappartenance de l'homme et de l'espace est un mode de l'appropriation initiale, n'est-il pas aussi, *maintenant*, un mode de ce qui en est le prélude, à savoir l'essence de la technique comme anéantissement de la chose et refus du monde ? Quand apparaît l'espace et disparaissent les lieux, le corps séjournant près des choses auxquelles il est approprié dans, par et selon l'appropriation, le corps propre en un sens tout autre que celui que la phénoménologie husserlienne lui a conféré, vire

1. *Ibid.*
2. *Remarques sur art-sculpture-espace*, p. 41.

en corps parmi les corps, en corps occupant une position susceptible d'être occupée par n'importe quel autre corps. Le *maintenant* à partir duquel « l'homme, avec son volume, se tient et marche *aussi* dans l'espace comme un *corps* (Körper) en repos et en mouvement », à partir duquel « ce corps a une âme dans l'intériorité de laquelle s'écoulent des vécus en tant que flux de vécus »[1], ce *maintenant* est donc celui où le corps mortel séjournant auprès des choses en habitant le monde du quadrat vire en corps animé situé dans l'espace inhabitable de l'*extensio*, vire en animal rationnel démondanisé et privé du pouvoir d'habiter ou, comme l'a dit une fois Heidegger, en « animal technicisé »[2], ce qui signifie autant homme déshumanisé qu'animal désanimalisé et nature dénaturée.

Rapport de l'homme à l'espace, l'habiter est aussi « le trait fondamental selon lequel les mortels sont »[3], le mode sur lequel ils ménagent le quadrat, c'est-à-dire la vérité de l'essence de l'être. Or ce rapport qui est le spatialisant même de l'espace, signifie que l'espace se spatialise par le corporer qu'il spatialise. Ce dernier appartient donc essentiellement à l'habiter et, à ce titre, est un mode de l'appropriation. Mais si tel est le corporer spatialisant-spatialisé, il n'est ni un mode d'être ni

---

1. *Remarques sur art-sculpture-espace*, p. 25. Cf. *Zollikoner Seminare*, p. 113 : « le corps (*Leib*) n'a pas de volume ».

2. *Beiträge zur Philosophie*, G.A., Bd. 65, p. 275.

3. « Bauen Wohnen Denken », in *Vorträge und Aufsätze*, G.A., Bd. 7, p. 163.

un mode de temporalisation puisque l'appropriation comme vérité de l'essence de l'être et du temps qui en est le sens, donne l'être et le temps et, les donnant, s'en excepte. De ce point de vue et de ce point de vue seulement, il est possible de dire que le corps corpore et s'incorpore sans être ni temps dès lors, bien entendu, que ce dernier est, de manière ou d'autre, ce en fonction de quoi l'être est compris. Toutefois cette exception à l'être et au temps comme sens de l'être, à partir de laquelle le temps doit nécessairement « se modifier » et qui ouvre la question de savoir s'il ne doit pas être conçu hors l'être, cette exception n'est pas pensable depuis le seul corporer mais depuis l'*Ereignis* dont il est un mode. En notant que « le spatialiser = espace seulement à partir de l'instance dans l'éclaircie, ekstatique »[1], Heidegger ne dit pas autre chose. N'est-ce pas alors depuis et selon l'*Ereignis* que s'avère intenable la tentative de reconduire la spatialité du *Dasein* à la temporalité? En effet, si l'espace n'espace pas sans le corporer ménageant de l'homme, il est un mode de l'appropriation où l'être s'évanouit et, avec lui, le temps, son sens. Partant la spatialité ne saurait être reconduite à la temporalité puisqu'elle n'est pas un mode d'être ou de temporalisation et ce n'est pas le corps à lui seul mais le corporer spatialisant en tant que mode de l'appropriation qui rend impossible la reconduction de l'espace au temps. L'espace n'est

---

1. *Remarques sur art-sculpture-espace*, p. 41.

donc pas commensurable à l'être, « il est autre. Et à partir de là le "temps" se modifie aussi et tout est en transformation – et nulle pierre ne demeure sur l'autre. »

TABLE DES MATIÈRES

Achevé d'imprimer le 3 juillet 2020
sur les presses de
La Manufacture - Imprimeur – 52200 Langres
Tél. : (33) 325 845 892

N° imprimeur 200487 - Dépôt légal : juillet 2020
Imprimé en France